# BRIDGE

## SPIELEND LEICHT GEMACHT

# BEGINNING BRIDGE

ALAN & MAUREEN HIRON

AGM
AGMÜLLER

Die Erstausgabe erschien 1983 unter dem Titel
*The 11+ Bridge Book*
bei The Crowood Press.
Die vorliegende deutsche Ausgabe beruht auf einer
überarbeiteten Ausgabe, die 1989 unter dem Titel
*Bridge for Beginners* erschien.

Übersetzung aus dem Englischen: Martin Rometsch
Fachliche Beratung: Susanne Jost-Seyffer
Textredaktion: Eckhard Graf

1. Auflage: 1. bis 5. Tausend 1994

ISBN 3-905017-57-1



Printed in Germany

# INHALT

# KAPITEL 1

## DAS HANDWERKSZEUG

Wenn Sie sich entschlossen haben, Bridge zu lernen, wird Ihre erste Frage lauten: "Welche Ausrüstung brauche ich?" Die Antwort ist einfach: Sie benötigen mindestens ein Kartenspiel und drei Mitspieler. Natürlich können Sie sich manchen Luxus leisten – zum Beispiel einen Spieltisch mit vier Stühlen, einen vorgedruckten Bridge-Block fürs Anschreiben, ein Ersatzkartenspiel und einiges mehr. Aber notwendig ist das alles nicht.

Ich habe schon auf einem windigen Feld, im Flugzeug und im Ruderboot Bridge gespielt – sogar in einem Auto, dessen Fahrer den Beschlag an der Frontscheibe nicht wegwischte, damit er sein Blatt notieren konnte (das empfehle ich nicht unbedingt zur Nachahmung!).

Eines ist sicher - Sie brauchen keine Schutzkleidung oder sonst etwas Teures zu kaufen. Manche behaupten zwar, ein Kopfschutz könne nicht schaden, wenn man mit gewissen Leuten spielt; doch dieser Rat ist wohl nicht ganz ernst zu nehmen. Ist Ihnen das Wort *Mitspieler* aufgefallen? Ja, Bridge ist ohne Einschränkung ein partnerschaftliches Spiel für vier Teilnehmer. Und für diese vier Spieler gibt es sehr einprägsame Bezeichnungen:

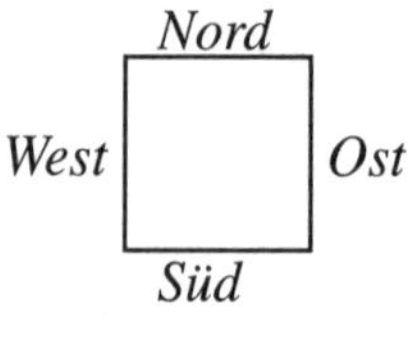

Das bedeutet nicht, daß Sie eine kleine Plakette mit der Aufschrift "Ost" anstecken müssen, bevor Sie sich zum Spiel niederlassen dürfen. Es erspart einfach dem Anschreiber die Mühe, sagen zu müssen: "der Spieler, dessen Karten oben auf der Seite notiert sind". Stattdessen kann er sich auf ein Wort beschränken: "Nord". Es dürfte Sie nicht überraschen, daß die Spieler, die sich gegenübersitzen, Partner sind. Man sagt, sie bilden eine *Linie.* Wenn Nord erfolgreich ist und eine Menge Punkte auf dem Bridge-Block sammelt, profitiert auch sein Partner Süd davon. Wenn West einen dummen Fehler macht und ohne Not viele Punkte einbüßt, leidet sein Partner Ost gleichermaßen darunter.

Diese Tatsache hat dem Bridge den Ruf eingetragen, Streitigkeiten unter den Spielern zu provozieren. Es ist historisch gesichert, daß mindestens zwei Morde begangen worden sind, weil ein Spieler mit den Vorstellungen seines Partners nicht ganz einverstanden war. Aber keine Angst - die Opfer hatten wirklich etwas Schreckliches getan, und das kann Ihnen nie passieren, wenn Sie dieses Buch gewissenhaft lesen ...

Nehmen wir an, Sie können sich mehr leisten als eine einzige Packung Karten und eine umgedrehte Apfelsinenkiste: Ein Kartentisch, der mit Filz oder Tuch bedeckt ist, eignet sich viel besser als eine polierte Fläche, auf der die Karten zum Ärger der Spieler über die Kante sausen. Auch Stühle sind recht nützlich; außerdem sind sie in den meisten Haushalten vorhanden. Allerdings ist es lästig, wenn Sie tiefe Ruhesessel verwenden und sich hochstemmen müssen, um auf den Tisch sehen zu können.

Ein anderer Luxus, den ich erwähnt habe, ist der Gebrauch zweier Kartenspiele. Selbstverständlich nicht gleichzeitig! Es geht lediglich darum, daß ein Spieler ein Paket für das nächste

Blatt mischt, während ein anderer das aktuelle Blatt austeilt. Das spart Zeit und erinnert die Spieler daran, wer mit dem Austeilen an der Reihe ist.

Erforderlich ist der Standard-Spielkartensatz zu 52 Blatt. Achten Sie aber darauf, daß Sie die Joker aussortieren, die Sie heutzutage in den meisten Kartenspielen finden. Andererseits machen Sie sich womöglich unbeliebt, wenn Sie die Joker zerreißen; denn immerhin benötigt man sie für einige andere Spiele. Lassen Sie sie also in der Schachtel.

Vorgedruckte Blöcke fürs Anschreiben sind ebenfalls Luxus. Sie sind aber nützlich, weil normalerweise alle vier Spieler anschreiben. Wenn Ihnen jemand solche Blöcke schenkt, seien Sie dankbar. Aber es ist überhaupt nicht schwierig, auf altem Schmierpapier anzuschreiben. Als ich spielen lernte, benutzten wir einen billigen Tisch mit Kunststoffüberzug. Wir schrieben mit Bleistift auf der Tischplatte an und wischten die Zahlen am Ende der Sitzung mit einem feuchten Lappen weg.

# KAPITEL 2

## SPIELEN SIE WHIST?

(Wenn ja, brauchen Sie dieses Kapitel nur zu überfliegen.)

Wie bereits angedeutet, brauchen wir vier angehende Spieler und (mindestens) ein Päckchen Karten. Ist diese Voraussetzung erfüllt, lohnt es sich nicht, noch lange zu warten. Jemand muß also die Karten *austeilen.* Um den Betreffenden zu bestimmen, verteilt man die Karten auf dem Tisch (natürlich verdeckt); jeder Spieler zieht anschließend eine Karte und deckt sie auf. Die höchste Karte legt fest, wer austeilt. Ja, ich kann schon hören, wie Sie jetzt zwei Fragen stellen: 1. Zählt ein As viel oder wenig? Antwort: Beim Bridge wie beim Whist ist das As immer eine hohe Karte, und der Rest folgt in der üblichen Reihenfolge: König, Dame, Bube, Zehn, Neun, Acht, Sieben, Sechs, Fünf, Vier, Drei, Zwei. 2. Was geschieht, wenn zwei Spieler zufällig die gleiche Karte ziehen, zum Beispiel ein As? Antwort: Beim Bridge besteht eine bestimmte Rangfolge unter den vier Spielfarben. Das ist eine Besonderheit, an die Sie später beim Spiel unbedingt denken müssen. Am ranghöchsten ist Pik, dann folgen Herz oder Coeur, Karo und als letztes Treff (nicht "Kreuz"). Beim Abheben rangiert also das Herz-As hinter dem Pik-As, aber vor den beiden anderen Assen. Wenn Sie Schwierigkeiten haben, sich das zu merken (es ist aber wichtig!), können Sie mit den Anfangsbuchstaben der Spielfarben (P, H, K, T) einen mehr oder weniger geistreichen Merksatz bilden.

Schön, jetzt wissen Sie, wer das Rennen um das Austeilen der Karten gewonnen hat. Der Sieger genießt einige Privilegien.

Erstens darf er entscheiden, ob er das Päckchen mit den roten oder das mit den schwarzen Rückseiten austeilt (manchmal sind sie auch blau und grün). Sie mögen denken, das sei unerheblich, und damit haben Sie eigentlich recht. Aber so lange Sie nicht sagen, welches Kartenpaket Sie austeilen möchten, wissen Ihre Gegenspieler nicht, welches sie für Sie mischen sollen. Zweitens dürfen Sie sich als Gewinner des Abhebens Ihren Sitzplatz aussuchen. Drittens: Sobald Sie sich für einen Stuhl entschieden haben, setzt der Spieler mit der zweithöchsten Karte sich Ihnen gegenüber und wird Ihr Partner. Danach machen Ihre Gegenspieler - sie haben die beiden rangniedrigsten Karten gezogen - die zwei übrigen Sitzplätze unter sich aus. Kompliziert? Eigentlich nicht. Und immerhin schließt diese Methode Streitereien aus.

Vielleicht glauben Sie nun, es sei damit getan, sich Stühle auszusuchen und den *Teiler* (denjenigen, der die Karten austeilt), zu bestimmen. Nicht ganz! Vor dem Spielbeginn ist noch ein kleines Ritual angesagt. Also, Sie haben jetzt das Kartenpaket, nachdem Sie das Abheben gewonnen haben. Nehmen wir an, Sie haben das rote Kartenpäckchen gewählt. Dieses Päckchen mischt der Spieler, der links von Ihnen sitzt. (Es gibt viele Arten, Karten zu mischen; aber jede Methode, die eine gründliche Mischung bewirkt, ist eine gute Methode. Wenn Sie sich ungeschickt vorkommen, üben Sie erst einmal alleine.) Sie nehmen jetzt das gemischte Paket auf, schieben es zum Spieler zu Ihrer Rechten und sagen (um höflich zu sein): "Bitte abheben." Er hebt die obere Hälfte des Pakets ab und legt sie vor Ihnen auf den Tisch. Sie heben die restlichen Karten auf und legen sie auf die abgehobene Hälfte, bevor Sie mit dem Austeilen beginnen. Das Abheben soll verhindern, daß jemand die unterste Karte erkennt. Das Austeilen endet beim Teiler; denn er verteilt die Karten, eine nach der anderen, im Uhrzeigersinn, beginnend beim Spieler zu seiner Linken. Denken Sie daran, daß alle 52 Karten verteilt werden, so daß jeder dreizehn Karten bekommt. Wenn Sie abergläubisch sind, haben Sie jetzt Gelegenheit, sich zu bessern, denn jedes Bridgeblatt, das Ihnen jemals zugeteilt werden wird, besteht aus dreizehn Karten. Jeder nimmt sein Blatt (man nennt dieses auch *Hand*), achtet darauf, daß kein anderer es sieht, und sortiert es – weil dies sehr effektiv ist – nach Farben.

Nach dem Austeilen gibt es beim Bridge zwei verschiedene Stadien des Spiels:

1. die *Lizitation* (auch *Ansagen* oder *Reizen* genannt)
2. das *Spiel*

Obwohl dies die natürliche Reihenfolge des Geschehens bei einem realen Bridgespiel ist, können Sie die Lizitation unmöglich verstehen, solange Ihnen das eigentliche Ziel des Spiels nicht klar ist. Worum geht es also beim Bridge?

Der Gang der Ereignisse ist der folgende: Einer der vier Spieler (später werden wir sehen, welcher) nimmt eine Karte aus seinem Blatt und legt sie aufgedeckt auf die Mitte des Tisches; das heißt, er *spielt* aus. Dann tun die anderen drei, wiederum im Uhrzeigersinn, es ihm gleich. Wenn alle vier Spieler eine Karte abgelegt haben, bilden diese vier Karten einen *Stich.* Dazu sind einige Anmerkungen erforderlich:

1. Der Spieler, der die höchste Karte ausgespielt hat, gewinnt den Stich. Man sagt auch: Er "macht" den Stich. Oder, auf die Karten bezogen: Die höchste Karte "sticht" die Karten mit dem niedrigeren Wert.

2. Wenn ein Spieler eine Karte ausgespielt hat, *müssen* die anderen Spieler die Farbe dieser Karte bedienen, sofern sie können. Besitzt ein Spieler keine Karte der ausgespielten Farbe (mehr), muß er eine Karte einer anderen Farbe *abwerfen;* er hat aber keine Chance, damit den Stich zu machen.
   Beispiel:

   ♠K
   *Nord*

   ♠7 *West* — ? *Ost*

   ♠4
   *Süd*

   Wenn Ost das Pik-As hat, gewinnt er den Stich. Wenn er aber das Herz-As spielt, weil er kein Pik mehr im Blatt hat, macht Nord den Stich, denn er hat die ranghöchste Karte in der ausgespielten Farbe.
3. Es ist gleichgültig, ob Sie oder Ihr Partner den Stich gewinnen – dieser wird in jedem Fall Ihrer *Linie* zugerechnet. Selbst wenn Süd das Pik-As hätte, würde er es also nicht ausspielen. Stattdessen läßt er den König seines Partners gewinnen und hält sein As zurück, um später einen anderen Stich damit zu machen. Sie und Ihr Partner sind immer daran interessiert, so viele Stiche wie möglich zu machen. Jeder hat mit dreizehn Karten begonnen; darum geht es bei jedem Blatt um dreizehn Stiche. Wenn Sie Ihre Gegner mit 13:0 ausstechen, haben Sie einen *Großen Slam.* Wunderbar – aber dies gelingt nicht eben oft. Viel wahrscheinlicher ist es, daß das Blatt einen harten Kampf

entfacht, der vielleicht mit sieben Stichen für die eine Seite und sechs für die andere endet.

4. Jener Spieler, der den Stich gewinnt, eröffnet den nächsten (er "spielt aus").

Wenn Sie Ihre drei Mitspieler beisammen haben, ist es an der Zeit, alles auszuprobieren, was Sie gerade gelernt haben. Nach dem Mischen, Abheben und Austeilen lassen Sie den Spieler zur Linken des Teilers ausspielen. Wiederholen Sie das mehrere Male, um ein Gefühl fürs Stechen zu gewinnen. Denken Sie daran, daß Sie nicht gegen Ihren Partner kämpfen. Wenn er den ersten Stich gewinnt und Sie den zweiten, legen Sie die gewonnenen Karten nicht auf zwei getrennte Häufchen, sondern aufeinander. Es empfiehlt sich, sie wie folgt abzulegen:

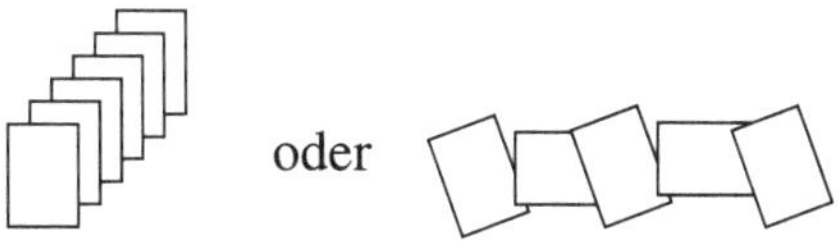


Dann läßt sich am Ende des Spiels leicht ausrechnen, wie viele Stiche jede Linie gemacht hat.

Schön, Sie wissen jetzt also, wie man Stiche gewinnt. Aber Sie spielen noch immer nicht Whist. Es bleibt etwas Wichtiges, das Sie kennenlernen müssen: den *Trumpf*.

Was hat es damit auf sich? Bevor Sie ein Blatt spielen, wird einer der vier Farben eine besondere Rolle im Spiel zugewiesen – sie wird *Trumpffarbe*, und damit werden alle Karten dieser Farbe besonders wichtig. Angenommen, Karo wird zur

Trumpffarbe bestimmt, und ein Stich (beginnend mit West) sieht folgendermaßen aus:

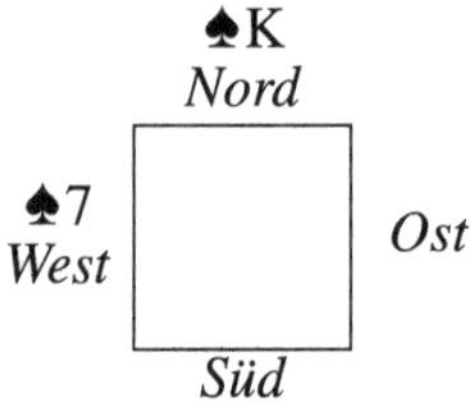


Als wir uns vorhin diesen Stich angesehen haben, spielte Ost das Pik-As und gewann. Was aber, wenn er kein Pik mehr hat? Normalerweise hat er keine andere Wahl, als eine neue Farbe zu spielen, ohne damit den Stich machen zu können Wenn jedoch Karo Trumpf ist, kann er schon mit der Karo-Zwei den Stich gewinnen. Die Trümpfe sind die entscheidenden Karten. Man darf sie aber nur spielen, wenn man keine Karten der ausgespielten Farbe mehr hat.

Fällt Ihnen auf, daß Ost den Stich möglicherweise nicht gewinnt, selbst wenn er mit der Karo-Zwei trumpfen kann? Ich nehme an, Sie haben es gesehen: Süd hat – ebenso wie Ost – kein Pik mehr (das ist die ausgespielte Farbe). Er darf daher einen höheren Trumpf spielen (man nennt das *übertrumpfen)* und damit den Stich machen. Er *muß* natürlich nicht übertrumpfen; er kann auch, wie vorhin, eine Karte einer anderen Farbe abwerfen. Sie sollten aber daran denken, daß es um die Wurst geht und daß Sie bestrebt sind, *Stiche* zu machen. Obwohl es Ausnahmen geben kann, zahlt es sich oft aus, zu nehmen, was man bekommen kann.

Statt aus den vier Farben eine Trumpffarbe auszuwählen, kann man auch *ohne Trumpf* spielen. *(Sans Atout; im folgenden oft*

*"SA" abgekürzt. Sagen Sie einfach "Sans" – das wird jeder Bridge-Spieler verstehen.)* Dann gewinnt die ranghöchste Karte den Stich.

Wenn Sie noch nie Whist oder ein anderes Kartenspiel, bei dem Stiche gemacht werden, gespielt haben, ist es sehr empfehlenswert, ein paar Runden nacheinander mit Treff, Karo, Herz und Pik als Trumpf sowie ohne Trumpf zu spielen.

Vergessen Sie aber nie, daß es sich beim Bridge um ein *Partnerspiel* handelt und daß Sie möglichst viele Stiche für *Ihre* eigene Linie gewinnen wollen.

Darüber sprechen wir später noch ausführlich. In der Zwischenzeit bedenken Sie bitte: Nur weil Sie ein As zugeteilt bekommen haben, ist das noch lange kein Grund, damit unbedingt einen Stich machen zu wollen. Wenn Sie ein As *ausspielen*, stechen Sie von Ihren Gegnern damit in der Regel eine Zwei oder eine Drei. Wäre es nicht besser, ein wenig zu warten und ihnen mit Ihrem As einen König oder eine Dame abzunehmen?

# KAPITEL 3

## WAS IST EINE ANSAGE, UND WANN ERÖFFNEN SIE DIE LIZITATION?

Beim Whist oder beim Solo ist es sehr einfach, die Trumpffarbe für das jeweilige Blatt auszuwählen. Der Teiler dreht seine letzte Karte um und sagt: "Aha! Herz ist Trumpf." Dementsprechend wird das Blatt gespielt. Manchmal hebt man von einem anderen Kartenpaket ab, um die Trumpffarbe zu bestimmen. Beim Bridge ist die Auswahl der Trumpffarbe viel komplizierter, aber dafür macht sie auch mehr Spaß. Erinnern Sie sich an die beiden Stadien beim Bridge (zweites Kapitel)? Es sind:

1. die *Lizitation,* auch Ansagen oder Reizen genannt
2. das *Spiel*

Über das Spiel haben wir schon gesprochen, und wir wissen, was "Stiche" und "Trümpfe" sind. Somit sind wir jetzt in der Lage, die Lizitation zu erörtern.

Nehmen wir an, Sie haben die üblichen dreizehn Karten zugeteilt bekommen, und Ihr Blatt enthält mehr Pik als sonst eine Farbe. Wenn Sie gefragt werden, welche Farbe Sie gerne als Trumpf haben möchten, ist die Antwort einfach: Pik. Beim Whist wäre es reiner Zufall, ob Pik Trumpf wird oder nicht, doch beim Bridge haben Sie die Möglichkeit, sich frei zu entscheiden. Angenommen, Sie haben nicht nur viel Pik, sondern auch eine ganz hübsche Reihe hoher Karten (Asse, Könige,

Damen ...), mit denen Sie wahrscheinlich Stiche gewinnen können. Wenn Sie die Karten ausgeteilt haben, können Sie die erste Ansage machen, und Sie werden natürlich Pik als Trumpf vorschlagen. Schließlich haben Sie mehr Karten in Pik als in jeder anderen Farbe, und Sie hoffen ja stets, so viele Stiche wie möglich zu gewinnen.

Was sagen Sie also? Sagen Sie: "Ich möchte mit Pik als Trumpf spielen!"? Wohl kaum, denn Sie haben drei Mitspieler, die möglicherweise ihre eigene Meinung haben. Darum sagen Sie nur: "Ein Pik."

*Ein* Pik? Ich höre Sie fragen: "Soll das heißen, daß ich nur einen Stich mit Pik als Trumpf machen möchte?" Das wäre kinderleicht, wenn Sie das Pik-As hätten! Nein, wenn ein Spieler "Ein Pik" ansagt, erklärt er, daß er *zusammen mit seinem Partner* von dreizehn Stichen einen **plus sechs** gewinnen kann, wenn er den Vorteil hat, daß Pik Trumpf ist. Sie müssen **immer** zu einem Gebot sechs hinzuzählen, um zu bestimmen, wie viele Stiche Ihre Linie zu gewinnen hofft. Die Ansage "Zwei Herz" bedeutet zum Beispiel: "Ich glaube, mein Partner und ich können mindestens 2 + 6 = 8 Stiche machen, wenn das Blatt mit Herz als Trumpf gespielt wird."

"Fünf Karo" bedeutet: " Ich denke, mein Partner und ich können wenigstens 5 + 6 = 11 Stiche gewinnen, wenn Karo Trumpf ist", und so weiter.

Natürlich kann es sein, daß Sie eine schlechte Hand bekommen haben (so geht es mir leider meistens!), vielleicht mit einer Dame und einem lumpigen Buben als Munition für den Kampf. Sie brauchen nicht zu befürchten, daß Sie alle Welt nun über Ihre beste Farbe (genauer gesagt: Ihre am wenigsten schlechte Farbe) informieren müssen. Sie können stattdessen sagen: “Ich passe” oder kurz: “Passe”. Das heißt, Sie sind momentan nicht bereit, am Lizitieren teilzunehmen.

Die Regeln des Bridge sind zum Glück international. Dennoch gibt es unterschiedliche Ausdrücke. In England ist die Ansage “No Bid” gebräuchlich, während die Amerikaner “Pass” sagen. Das Wort “Trumpf” ist übrigens von “Triumph”, einem uralten Kartenspiel und Vorläufer des Whist, abgeleitet. Daraus entstanden im Laufe der Jahrhunderte das englische “trump” und das deutsche “Trumpf”.

Ich habe bereits erwähnt, daß beim Bridge alles im Uhrzeigersinn abläuft. Wenn Süd die Ansage mit “Ein Pik” eröffnet hat, ist nunmehr West an der Reihe. Er kann sagen “Passe”, oder er kann aktiv werden und etwas unternehmen. Unterstellen wir, daß er kein übles Blatt hat und ihm Herz als Trumpf angenehm wäre. Denken Sie daran, daß die Lizitation auch “Reizen” heißt. Im Englischen wird dieses Stadium auch *auction* genannt. Ich nehme an, Sie waren schon einmal auf einer Auktion. Dann wissen Sie: Wenn jemand 100 DM für ein Bild geboten hat, ist es sinnlos, ebenfalls 100 DM oder gar nur 50 DM zu bieten. Wenn Sie den Zuschlag bekommen wollen, müssen Sie das jeweils letzte Angebot überbieten. Zum Beispiel: “Zwei Herz” überbieten “Ein Pik”. Nehmen wir an, Nord (der dritte Spieler am Tisch) möchte gerne Karo als Trumpf haben. Sehr schön - aber er muß nun “Drei Karo” bieten, um “Zwei Herz” zu übertreffen. Und wenn er nicht bereit ist, seine Linie zu neun Stichen mit Karo als Trumpf zu verpflichten, muß er passen.

So geht es reihum, bis drei Spieler nacheinander passen. Das ist sehr vernünftig – schließlich möchten Sie sich bei einer Auktion nicht auch noch selbst überbieten. Es kann sein, daß die Lizitation so verläuft:

| *SÜD* | *WEST* | *NORD* | *OST* |
|---|---|---|---|
| 1♠ | 2♥ | 3♦ | |
| Passe | Passe | | Passe |

... und schon ist alles vorbei. Die Partner Nord und Süd werden versuchen, wenigstens neun von dreizehn Stichen zu machen (wie immer: drei angesagte Stiche plus sechs!). Die gewählte Trumpffarbe ist Karo, denn die letzte verbindliche Ansage (auch *Kontrakt* genannt) wurde von Nord gemacht.

Wenn wir über das *Anschreiben* sprechen, werden wir merken, daß es sich im allgemeinen nicht lohnt, zu hoch zu reizen. Nehmen wir an, Sie mögen zwar eine Menge Treff haben. Wenn Ihre Linie aber nicht zugleich auch über viele hohe Karten verfügt, kann es Sie langfristig teurer zu stehen kommen, bei mehreren Stichen zu scheitern, als der Gegenseite den *Kontrakt* zu überlassen. Am besten bieten Sie nur, was Sie sich und Ihrem Partner auch zutrauen können!

Eines ist sicher: Wenn dann das Reizen von "Ein ..." über "Zwei ...", "Drei ..." erreicht, schraubt es sich unversehens in beträchtliche Höhen.

Erinnern Sie sich, daß wir beim Erläutern des Abhebens auch die Rangordnung der vier Farben erwähnt haben? Pik nimmt die erste Stelle ein, Herz die zweite, Karo die dritte und Treff die vierte. (Denken Sie an Ihren Merkspruch!)

Diese Reihenfolge gilt auch bei der Lizitation. Wenn Süd mit "Ein Treff" eröffnet hat und West (der nächste in der Reihe) Karo ansagen möchte, kann er "Ein Karo" sagen, denn diese Farbe steht über Treff, ist also ein "besseres Angebot". Die Lizitation könnte z. B. so beginnen:

| *SÜD* | *WEST* | *NORD* | *OST* |
|---|---|---|---|
| 1♣ | 1♦ | 1♥ | 1♠ |

Will Süd nun noch einmal Treff bieten, wenn er wieder an der Reihe ist, muß er “Zwei Treff” ansagen, um “Ein Pik” von Ost zu überbieten.

Sie können sich die Gesamtheit aller möglichen Ansagen als Leiter vorstellen: 1♣, 1♦, 1♥, 1♠, 2♣, 2♦, 2♥, 2♠,3♣, 3♦ ... 7♥, 7♠. 1♣ ist die unterste, und 7♠ ist die oberste Sprosse. Sobald eine Ansage erfolgt ist, müssen alle folgenden Ansagen eine höhere Sprosse erklimmen. Sie sehen, es ist sehr wichtig, die Rangfolge der Spielfarben zu kennen!

Wenn Sie Whist spielen, ist Ihnen eine weitere wichtige Tatsache bekannt: Sie können nicht nur jede der vier Farben als Trumpf wählen, sondern Sie können auch vorschlagen, das Blatt ohne Trumpf – also nur nach dem Wert der Karten – zu spielen. Wenn Sie keine Karte der ausgespielten Farbe besitzen, haben Sie keine andere Wahl, als eine Karte in einer anderen Farbe zu spielen, ohne damit den Stich gewinnen zu können. Das nennt man *Abwerfen.* Es ist dann sinnvoll, ohne Trumpf zu spielen, wenn Sie ein gemischtes Blatt ohne *lange Farbe* haben (mehr davon später). Dazu sagen Sie “Sans Atout” (d. h. “kein Trumpf”) an, genau so, wie Sie eine Farbe als Trumpf bieten. Die Ansage “Sans Atout” übertrifft alle anderen Gebote. Wenn also jemand “Ein Pik” bietet, können Sie mit “Ein Sans Atout” (1 SA) erwidern. Wie gewöhnlich heißt das, daß Sie hoffen, mit Ihrem Partner mindestens sieben Stiche zu machen, allerdings ohne die Hilfe von Trümpfen.

Jezt müssen wir die Leiter aller möglichen Ansagen neu ordnen: 1♣, 1♦, 1♥, 1♠, 1SA, 2♣, 2♦, 2♥, 2♠, 2SA, 3♣ ... 7♥, 7♠, 7SA. Nun haben wir aber mehr als genug über dieses oder jenes Bridgeblatt *geredet.* Es wird langsam Zeit, daß Sie sich auch eines *ansehen!* Ein Blatt wird immer so notiert:

| | |
|---|---|
| PIK | ♠A K 7 6 4 |
| HERZ | ♥K D 5 2 |
| KARO | ♦2 |
| TREFF | ♣A B 9 |

Also: Pik kommt immer zuerst, dann Herz, danach Karo und schließlich Treff.

Nun zum nächsten Problem. Würden Sie das obige Blatt als gut oder schlecht einstufen? Gewiß, es enthält eine ordentliche Zahl hoher Karten. Doch wäre es nicht hilfreich, wenn wir sie irgendwie bewerten könnten? Die einfachste und beste Methode besteht darin, die *Figurenpunkte* zu zählen. Für jedes As, das Sie besitzen, zählen Sie vier Punkte, für jeden König drei Punkte, für jede Dame zwei Punkte und für jeden Buben einen Punkt.

Wie stark also ist das Blatt, das wir uns eben angesehen haben?

| | | | |
|---|---|---|---|
| ♠A K 7 6 4 | = | 7 | Punkte |
| ♥K D 5 2 | = | 5 | Punkte |
| ♦2 | = | 0 | Punkte |
| ♣A B 9 | = | 5 | Punkte |
| Summe | = | 17 | Punkte |

Ein wenig Arithmetik ist hier durchaus nicht fehl am Platz. Für jede Farbe zählen wir maximal zehn Punkte. Es gibt vier Farben, also enthält jedes Kartenpaket vierzig Punkte. Da zu viert gespielt wird, beträgt der *durchschnittliche* Wert einer Hand zehn Punkte. Bedenken Sie also: Wenn Sie nur eine durchschnittliche Hand haben, warum sollte Ihre Linie sich dann gegen die gegnerische Linie durchsetzen?

Es ist somit vernünftig, die Lizitation nur dann zu eröffnen, wenn Sie ein überdurchschnittliches Blatt – dreizehn Punkte oder mehr – halten. Diese Zahl ist leicht zu merken, da sie der Zahl Ihrer Karten entspricht.

Ist das alles? Nicht ganz. Betrachten Sie einmal diese beiden Blätter:

| a) | b) |
|---|---|
| ♠7 | ♠7 6 3 |
| ♥A 9 8 7 6 3 | ♥A 9 8 7 |
| ♦5 | ♦6 5 4 |
| ♣A K 8 6 4 | ♣A K 8 |

Es ist unschwer zu erkennen: Beide Blätter oder Hände haben elf Punkte und sind offensichtlich keine Eröffnung wert. Aber welches Blatt würden Sie vorziehen? Ja, ganz recht – Blatt a). Denn wenn Sie Ihre *längste* Farbe (Herz) ansagen, ist diese *Sechserlänge* (sechs Karten in dieser Farbe) besser als die *Viererlänge* (vier Karten in dieser Farbe) in Blatt b). Die "Länge" der Farbe hilft Ihnen nämlich, Stiche zu machen. Eine einfache Methode, die Stärke eines Blattes auch im Hinblick auf die Länge einer Farbe zu bewerten, ist die folgende:

Wenn Sie eine *Fünferlänge* haben, geben Sie Ihrem Blatt *einen* Extrapunkt.
Wenn Sie eine *Sechserlänge* haben, geben Sie Ihrem Blatt *zwei* Extrapunkte.

Treiben Sie das Rechenspiel aber nicht zu weit. Wenn Sie beispielsweise alle dreizehn Karten einer Farbe zugeteilt bekommen, lohnt es sich kaum, auszurechnen, wie viele Punkte Sie haben. Denn Sie haben dreizehn Stiche sicher, wenn Sie nur Ihre Farbe zur Trumpffarbe machen können.

Schön, nun sind Sie imstande, jedes Blatt zu bewerten, das Sie in der Hand halten. Es ist ratsam, für sich alleine zu üben. Teilen Sie eine Anzahl von Blättern aus, und zählen Sie rasch Ihre Punkte, damit Sie beim Spiel mit Partnern den Gang der Dinge nicht zu sehr aufhalten.

# KAPITEL 4

## WOMIT BIETEN SIE?

Da Sie nun begriffen haben, daß Sie dreizehn oder mehr Punkte benötigen, um selbstbewußt auftreten zu können, erhebt sich die Frage, welche Farbe Sie gerne als Trumpf hätten. Angenommen, Sie haben sich selbst das folgende Blatt zugeteilt:

♠A K B
♥B 9 6 5 2
♦A 8 3
♣B 7

Würden Sie "Ein Pik" oder "Ein Herz" ansagen? Pik ist sehr stark, aber Sie haben nur drei davon. Herz ist viel schwächer, aber Sie halten deren fünf.

(Fast) ohne Ausnahme gilt: Sie sollten Ihre *längste Farbe zuerst* ansagen. Ihre sehr guten Pik-Karten werden wahrscheinlich stechen, was immer auch Trumpf sei. Ihre Herzen dürften nur dann etwas bringen, wenn Herz Trumpf ist. Gewiß, die hohen Karten fehlen dabei; doch wenn die anderen acht Karten dieser Farbe ziemlich gleichmäßig unter den Spielern verteilt sind, besitzen Sie zwei Herzen mehr als irgendein anderer, und zwei zusätzliche Trümpfe sind immer zwei sichere Stiche.

*Hüten Sie sich, eine Lizitation mit einer Farbe zu eröffnen, von der Sie weniger als vier Karten haben.*

Jetzt sind Sie imstande, mit den meisten Blättern, die Ihnen jemals zugeteilt werden könnten, eine passable Eröffnung zu machen. Wenn Sie weniger als dreizehn Punkte haben, passen Sie. Wenn Sie mehr als dreizehn Punkte haben, sagen Sie eine Ihrer langen Farben an. Das gilt, wie gesagt, für die *meisten* Blätter. Es gibt nämlich noch ein oder zwei weitere Probleme. Sehen Sie sich zum Beispiel dieses Blatt an:

♠A K B 3
♥5 4 2
♦7 3
♣A K B 3

Sechzehn Punkte wären eine Eröffnung wert – aber Sie haben zwei Farben von derselben Länge. Sollen Sie "Ein Pik" oder "Ein Treff" ansagen? Probieren Sie es aus. Nehmen wir an, nach Ihrer Eröffnung möchte Ihr Partner Ihnen etwas über die Karofarbe sagen, die er hält. Da Sie wenig Begeisterung verspüren dürften, Ihr Blatt mit Karo als Trumpf zu spielen, erscheint es vernünftig, den Partner über Ihre andere Farbe zu informieren:

a)

| ***SÜD*** | ***WEST*** | ***NORD*** | ***OST*** |
|---|---|---|---|
| 1♠ | Passe | 2♦ | Passe |
| 1♣ | | | |

b)

| ***SÜD*** | ***WEST*** | ***NORD*** | ***OST*** |
|---|---|---|---|
| 1♠ | Passe | 1♦ | Passe |
| 1♣ | | | |

Sie sehen den Unterschied: b) ist richtig, weil beide Farben auf Stufe 1 gezeigt werden; a) ist ungünstig, weil Sie sich bereits verpflichten, neun Stiche zu machen, obwohl Sie vielleicht noch keine Farbe gefunden haben, die sowohl Ihnen als auch Ihrem Partner zusagt.

Hier ist es also besser, die weniger starke Farbe zuerst anzusagen – aber das ist nicht immer der Fall. Wenn Sie mit zwei gleich langen Farben beginnen, hängt alles davon ab, ob diese in der Rangordnung benachbart sind oder ob mindestens eine Farbe zwischen ihnen liegt. Die benachbarten Paare sind Pik/Herz, Herz/Karo und Karo/Treff. Wenn Sie eines dieser Blätter haben, ist es sicherlich besser, das Ansagen mit einer stärkeren Farbe zu beginnen, also mit:

♠A K B 3
♥A K B 3
♦7 5
♣5 4 2

Bieten Sie "Ein Pik", nicht "Ein Herz". Es wird Ihnen jetzt noch nicht ganz klar werden, warum diese Ansage besser ist, aber wir kommen später darauf zurück. Vorläufig sollten Sie sich einfach an die zwei genannten Regeln halten.

Ohne Partner und Gegenspieler haben Sie noch mehr Übungsmöglichkeiten. Teilen Sie vier Hände aus – eine nach der anderen –, zählen Sie die Punkte, und entscheiden Sie sich für eine Eröffnung.

Dann betrachten Sie diese beiden Blätter:

| a) | b) |
|---|---|
| ♠A D 4 | ♠K B 5 |
| ♥Chicane | ♥A 10 7 |
| ♦A K D B 9 7 | ♦D 7 4 2 |
| ♣A K 6 3 | ♣K B 2 |

Was haben beide gemeinsam? Zweierlei, genauer betrachtet. Beide sind eine Eröffnungen wert, und in beiden Fällen ist Karo die längste Farbe. Doch damit enden die Gemeinsamkeiten auch schon. Blatt a) hat eine lange Farbe und eine *Chicane* (keine einzige Karte in einer bestimmten Farbe), und es ist offensichtlich, daß Sie hier auf Karo als Trumpf bestehen würden. Sie würden mit ziemlicher Sicherheit nicht Sans Atout spielen wollen, denn in diesem Fall könnte es sein, daß Ihre Gegenspieler fünf oder sechs Stiche mit Herz machen, bevor Sie zum Zuge kommen. Erinnern Sie sich, worum es beim Sans Atout geht? Sie wären hilflos in einem solchen Fall!

Blatt b) ist dagegen ein *ausgeglichenes* Blatt. Karo ist kaum der Erwähnung wert, und Ihre hohen Karten sind über alle vier Farben verteilt. Das Blatt ist also vorzüglich dazu geeignet, so schnell wie möglich Sans Atout anzusagen.

Wichtig ist noch, daß Sie in jeder Farbe genügend "Füllmaterial" als *Trumpfunterstützung* haben, um einen *Stopper* zu etablieren, d. h. eine hohe Karte, die Sie mit niedrigen Karten schützen, so daß die Gegner nicht alle Stiche in dieser Farbe gewinnen können. Das As reicht immer aus, um die Karten der Gegner am Gewinn aller Stiche in einer Farbe zu hindern. Auch der König kann das – aber er braucht natürlich die Unterstützung mindestens einer anderen Karte derselben Farbe. Wenn Sie zum Beispiel den König und die Zwei in einer Farbe haben, können Ihre Gegner mit dem As stechen, aber danach ist Ihr König der Herr. Auch eine Dame kann diese Aufgaben erfüllen; aber nur, wenn sie ihrerseits von mindestens zwei niedrigeren Karten unterstützt wird. Die andere Linie spielt As und König (worauf Sie mit niedrigeren Karten antworten), und Ihnen bleibt die Dame als Gewinnerin übrig. Sogar ein Bube kann ein Stopper sein – versuchen Sie herauszufinden, wie!

Jetzt haben Sie wenigstens schon eine klare Vorstellung davon, welches Blatt zum Sans Atout einlädt: Ein solches Blatt ist ausgeglichen, und die hohen Karten sind gut verteilt. Es ist in der Regel ausgesprochen empfehlenswert, Sans Atout zu spielen, wenn Sie und Ihr Partner geeignete Karten halten. Dennoch: Alles hängt vom Wert des Spiels ab. Obwohl eine vollständige Werttabelle für das *Anschreiben* oder *Scoren* an dieser Stelle Zeitverschwendung wäre, ist es nützlich, schon jetzt eine Vorstellung vom Ziel des Spiels zu gewinnen. Vielleicht meinen Sie, ich würde das Pferd vom Schwanze aufzäumen – aber solange Sie überhaupt keine Kenntnisse über Stiche, Trümpfe und das Lizitieren haben, ist es schwierig, den nachfolgenden Schritt zu tun.

Also, wenn Sie sich zum Spiel niedersetzen, besteht Ihr Lebensziel während der folgenden halben Stunde darin, den *Rubber* zu gewinnen. Der Rubber (die *Spielrunde*) gehört derjenigen Linie, die zuerst zwei *volle Spiele* zu insgesamt mindestens 100 Punkten – auch *Manches* oder *Partien* genannt – gewinnt. Es ist ganz ähnlich wie bei einem Dreisatzmatch im Tennis: Wenn Sie die ersten beiden Sätze gewinnen, ist alles vorbei; aber wenn jeder einen Satz gewonnen hat, ist ein Entscheidungssatz notwendig. Beim Bridge ist es genauso: Nach zwei gewonnenen Partien ist der Rubber vergeben; wenn beide Linien je einmal gewonnen haben, wird weitergespielt.

Merken Sie sich: Sie können eine Spielrunde nur gewinnen, indem Sie Kontrakte *ansagen* und *erfüllen*, die insgesamt mindestens 100 Punkte auf der Anschreibetabelle einbringen. Das heißt: Sie brauchen dieses Ziel nicht auf einmal zu erreichen. Sie können Ihre 100 Punkte auch schrittweise (in

*Teilspielen)* einsammeln. (Es mag ein wenig mißverständlich sein, daß wir das Wort “Punkte” in doppelter Bedeutung verwenden. Wir haben ja schon den Wert unserer Hand in Punkten ausgedrückt, doch dies war nichts weiter als eine Denkhilfe für Sie. Jetzt aber reden wir über Punkte, die auf dem Bridge-Block notiert werden.)
Die Farben zählen (scoren) wie folgt:

> Für jeden Kontrakt mit Herz oder Pik, den Sie ansagen und erfüllen, scoren Sie 30 Punkte (Pik und Herz werden *Major-, Ober-* oder *Edelfarben* genannt).
> Für jeden Kontrakt mit Karo oder Treff, den Sie ansagen und erfüllen, scoren Sie 20 Punkte (Karo und Treff sind *Minor-, Unter-* oder *unedle Farben).*

Der Bridge-Block sieht so aus:

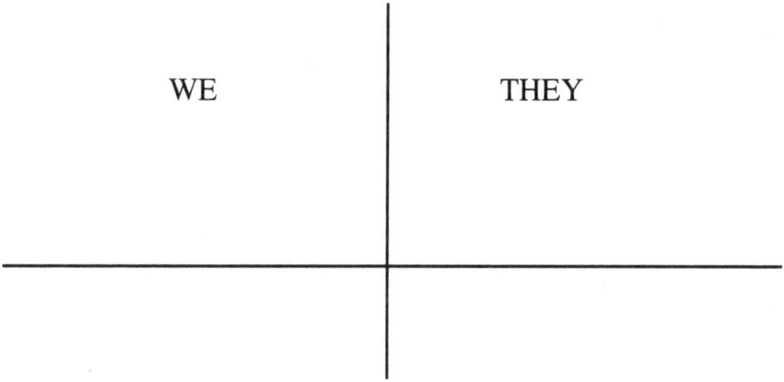


Die Worte “WE” und “THEY” sprechen für sich selbst. Denken Sie daran, daß *jeder* Spieler anschreibt. Am Ende des Rubbers sollten also Ihre Tabelle und die Ihres Partners übereinstimmen, und die Tabellen Ihrer Gegenspieler sollten das Spiegelbild Ihrer Tabelle sein.

Offensichtlich gibt es zwei Felder, in denen Sie für Ihre Linie anschreiben können: über dem waagerechten Strich und darunter. Das wichtigste Feld ist dasjenige *unter dem Strich*, denn dort notieren Sie die Punkte für Kontrakte, die sie *sowohl angesagt als auch erfüllt* haben. Das kann nicht nachdrücklich genug betont werden! Es ist sinnlos, Kontrakte anzusagen, aber nicht zu erfüllen – Sie gewinnen dabei gar nichts! Und Sie profitieren im Grunde auch nicht von Stichen, die Sie gemacht, aber *nicht angesagt* haben. Hier spricht man von *Überstichen;* diese müssen Sie *über* dem Strich anschreiben. Sie zählen *nicht* für die Manche! Um all dies verständlich zu machen, schreiben wir einmal einen möglichen Rubber auf das leere Blatt:

*1. Hand:* Sie und Ihr Partner bieten "Zwei Pik" und machen dann neun Stiche. Sie notieren 60 Punkte unter dem Strich (Sie haben zwei Stiche zu je 30 Punkten *angesagt und gewonnen)* sowie 30 Punkte über dem Strich (ein Überstich). Das ist kein schlechtes Ergebnis, aber da Sie den Überstich nicht angesagt haben, zählen die 30 Punkte, die Sie dafür erhalten, nicht für Ihr Spiel. Hätten Sie "Ein Pik" angesagt und neun Stiche gemacht, würden Sie 30 Punkte unter dem Strich notieren, die für das Spiel zählen, und 60 Punkte über dem Strich. Hätten Sie "Drei Pik" angesagt und neun Stiche gemacht, dürften Sie alle 90 Punkte unter dem Strich anschreiben.

*2. Hand:* Ihre Gegner bieten "Zwei Karo" und machen neun Stiche. Was schreiben Sie an? Richtig – jetzt haben

Sie es verstanden: Sie schreiben 40 Punkte unter dem Strich und für den *Überstich* 20 Punkte über dem Strich an.

| WE | THEY |
|---|---|
| 30 | 20 |
| 60 | 40 |

Wenn Sie Ihr Anschreibblatt ausgefüllt haben, sollte es jetzt so aussehen:
Beide Linien haben je ein Teilspiel gewonnen, dessen Wert unter 100 Punkten liegt. Sie haben also noch keine Manche erzielt!

*3. Hand:* Sie und Ihr Partner haben einen Kontrakt "Zwei Treff" angesagt und erfüllt. "Ganz einfach", sagen Sie. "Ich weiß, wie man's anschreibt: 40 Punkte unter dem Strich." Aber hier ist etwas Besonderes geschehen: Sie haben mit zwei Teilspielen unter dem Strich nunmehr 100 Punkte gesammelt, und das ergibt eine Manche, ein volles Spiel. Das feiern Sie, indem Sie einen Strich quer über *beide* Spalten ziehen. Jetzt sieht das Anschreibblatt so aus:

| WE | THEY |
| --- | --- |
| 30 | 20 |
| 60<br>40 | 40 |

Damit sind die 40 Punkte des Teilspiels Ihrer Gegner "neutralisiert". Denken Sie wieder ans Tennis: Wenn Sie den ersten Satz 6:4 gewinnen, darf der Gegner seine vier gewonnenen Punkte nicht als Starthilfe mit in den nächsten Satz nehmen! So ist es auch beim Bridge – die 40 Punkte des Gegners unter dem Strich bleiben ihm zwar nominell erhalten, aber er muß wieder bei null anfangen, um 100 Punkte zu sammeln, die er für eine Manche braucht.

*4. Hand:* Ihre Gegenspieler ärgern sich, weil Sie ein Spiel gewonnen haben; sie sagen "Vier Herz" an und machen elf Stiche. (120 unter dem Strich anschreiben, 30 darüber). Jetzt haben beide Linien je eine Manche gewonnen – sie befinden sich in der *Gefahrenzone*. Man sagt auch "vulnerable" (wörtl.: "verletzbar"), denn diese Linie ist jetzt dem Risiko ausgesetzt, daß verlorene Punkte für den Gegner doppelt zählen. Von Gefahrenzone sprechen wir, wenn eine Linie eine Manche von 100 Punkten erreicht, aber noch nicht den Rubber gewonnen hat. Im nächsten Beispiel werden wir sehen, wie dadurch das Scoren für die *Faller* beeinflußt wird. Darunter versteht man jene Stiche, die man laut Kontrakt hätte machen sollen, aber nicht machen konnte. Hier spricht man auch von "Down"; "Zwei Downs" bedeutet also, daß zwei Stiche zum Erfüllen des Kontraktes fehlen.

*5. Hand:* Die in einem Spiel gewonnene Manche versetzt Ihre Gegner in Begeisterung, und sie probieren Ähnliches gleich noch einmal. Sie sagen "Fünf Treff" an (die ihnen bei Erfüllung 100 Punkte einbringen würden, aber es geht schief, und sie gewinnen am Ende nur neun Stiche. Die Gegner erfüllen also ihren Kontrakt nicht, dürfen folglich auch nichts anschreiben, und die Punkte machen Sie selbst! Sie bekommen nun sogar 200 Punkte, da diese Punkte – als verlorene Punkte der Gegner – doppelt zählen. Sie schlagen allerdings nur *über* dem Strich zu Buche, da Sie selbst ja nichts angesagt und nichts erfüllt haben, und das Spiel um den Rubber geht weiter. (Notieren Sie die 200 Punkte!)

*6. Hand:* Sie und Ihr Partner reizen gegen leicht demoralisierte Gegner und machen den Kontrakt mit "Vier Pik". Damit gewinnen Sie die zweite Manche und den Rubber. Sie haben also den Rubber mit 2:1 Spielen gewonnen, und dafür bekommen Sie eine Prämie von 500 Punkten. Streng genommen werden diese über dem Strich angeschrieben. Da der Rubber aber vergeben ist, spielt es im Grunde keine Rolle, wo Sie diese 500 Punkte notieren. Denn jetzt wird abgerechnet! Wenn Sie das Glück (oder das Können) hatten, den Rubber mit 2:0 Spielen zu gewinnen, bekommen Sie sogar eine Prämie von 700 Punkten.

Sie sehen jetzt, wie wichtig es ist, zu reizen und *Spiele zu gewinnen.* Wenn Sie zwei volle Spiele gewinnen, bekommen Sie eine beträchtliche Gutschrift.

Ich hoffe, daß Sie allmählich auch ein Gefühl dafür bekommen, worum es bei der Lizitation geht. Sie und Ihr Partner wollen nicht nur herausfinden, welche der vier Farben Ihnen beiden am meisten liegt (sofern Sie nicht Sans Atout vorziehen), sondern Sie möchten außerdem erfahren, ob Ihr Partner genügend starke Farben hat, um zu lizitieren.

Die Frage lautet also: Welche Farbe? Wie hoch?

Mehr davon jedoch später.

Haben Sie den Rubber vollständig angeschrieben, den Sie soeben gespielt haben? Ihre Notizen sollten so aussehen:

| WE | THEY |
|---|---|
| 500 | |
| 200 | 30 |
| 30 | 20 |
| 60 | 40 |
| 40 | |
| | 120 |
| 120 | |
| | |
| **TOTAL** | **TOTAL** |
| 950 | 210 |

*Differenz: 740 Punkte*

Jetzt ist alles vorbei, und wenn Sie vereinbart haben, um 1 DM für je 100 Punkte zu spielen, können Sie nunmehr triumphierend 7 DM von einem Gegner einfordern. Ihr Partner bekommt denselben Betrag vom anderen Gegner. Immerhin mußten Sie dafür erst drei Viertelstunden lang hart arbeiten! Von daher sollten Sie 1 DM pro 100 Punkte nicht als Ertrag eines sündigen Glücksspiels ansehen! Es macht einfach Spaß, um einen geringen Einsatz zu spielen, denn es gibt Ihnen ein Gefühl der Verantwortung. Wenn Sie um nichts spielen, was könnte Sie daran hindern, jeden beliebigen Kontrakt zu schließen? Sie hätten dann immer noch das reine Spielvergnügen, aber verlieren würden Sie meistens ...

Jetzt, da wir das Anschreiben kennengelernt haben, können wir kurz auf das Thema "Sans Atout" zurückkommen. Wir haben noch nicht erwähnt, wie Sans-Atout-Kontrakte zu bewerten sind. Die Antwort ist allerdings etwas sonderbar (wie so vieles beim Bridge).

SA-Kontrakte (im folgenden wird die Abkürzung "SA" oft das längere "Sans Atout" ersetzen) haben im Prinzip denselben Wert wie die Edelfarben (30 Punkte je angesagter Stich). Aber der erste angesagte und erfüllte SA-Stich gibt noch zehn Extrapunkte.

Ein angesagter und erfüllter SA-Kontrakt bringt also 40 Punkte.

Zwei angesagte und erfüllte SA-Kontrakte bringen 40 + 30 = 70 Punkte.

Drei angesagte und erfüllte SA-Kontrakte bringen 40 + 30 + 30 = 100 Punkte.

Natürlich haben Sie's schon gemerkt: Mit *drei angesagten und erfüllten SA-Kontrakten* (das sind nur neun Stiche) haben Sie schon eine Manche gewonnen. Dagegen benötigen Sie zehn Stiche, um ein Spiel mit einer Edelfarbe zu gewinnen, und elf Stiche, um ein Spiel mit einer unedlen Farbe zu gewinnen. Neun Stiche sind leichter als zehn und viel leichter als elf. Jetzt verstehen Sie bestimmt, warum es für Sie und Ihren Partner so reizvoll ist, SA zu spielen, *wenn Ihre Blätter dafür geeignet sind.* Es ist daher sinnlos, einen Kontrakt einzugehen, der sie auf viele Stiche verpflichtet, so daß die Gefahr der *Faller* groß ist. Stattdessen können Sie etwas viel Vernünftigeres tun, nämlich Sans Atout spielen! Dafür nehmen sie doch sicher gern etwas mehr Arbeit beim Anschreiben in Kauf ...

Kommen wir auf das SA-Blatt zurück, das wir weiter oben besprochen haben. Können Sie sich daran erinnern?

♠K B 5
♥A 10 7
♦D 7 4 2
♣K B 2

Ein Blatt ist zum Spiel ohne Trumpf geeignet, wenn es ausgeglichen ist und wenn die hohen Karten gut verteilt sind. Das wird oft mit der Zahlenfolge 4-3-3-3 dargestellt. Welche Hand könnte besser geeignet sein, "Sans Atout" anzusagen, um mit möglichst wenig Stichen eine Manche zu gewinnen?

Gut – Sie stimmen mir darin zu, daß dieses Blatt zum Sans Atout einlädt. Allerdings gibt es einen wichtigen Unterschied zwischen dem Eröffnen der Lizitation mit "1 SA" einerseits und "Ein Herz", "Ein Pik" usw. andererseits. Dieses nennt man Eröffnung auf "Einerhöhe", da ein Stich in einer beliebigen Farbe geboten wird. Zudem ist es ein Hinweis auf Ihre beste Farbe und sagt Ihrem Partner, daß Sie mindestens dreizehn Punkte haben. Später werden Sie lernen, daß es auf einer höheren Ebene noch andere, interessantere Eröffnungen gibt. (Aber Sie müssen ja nicht schon laufen lernen, bevor Sie gehen können ...)

Im Gegensatz dazu ist die Eröffnungsansage "1 SA" sehr präzise. Warum das so ist, wird Ihnen (hoffentlich) sofort klar, wenn Sie den Beginn des nächsten Kapitels lesen. Was ich Ihnen hier empfehle, wird oft "schwache Sans Atout" genannt. Keine Angst – ich rate Ihnen nicht, mit "1 SA" zu eröffnen, obwohl Sie nur Ramschkarten haben. Nein, wenn Sie der beschriebenen Taktik folgen, zeigt die Eröffnungsansage "1 SA", daß Sie ein ausgeglichenes Blatt besitzen, so wie wir es besprochen haben: gut verteilte hohe Karten und 13-15 Punkte. Merken Sie sich das gut: 13-15 Punkte. Nicht weniger als dreizehn (in diesem Fall hätten Sie gar nicht erst eröffnet) und – das ist ebenso wichtig – *nicht mehr als fünfzehn Punkte.*

Es gibt noch andere Auffassungen von der Stärke der Eröffnungsansage "1 SA". Manche Spieler ziehen das *starke Sans Atout* dem von mir empfohlenen schwachen vor. Machen Sie sich darüber noch keine Gedanken. Wenn Sie und Ihr Partner sich darauf verlassen, daß die Eröffnungsansage "1 SA" immer auf ein ausgeglichenes Blatt mit einem *Punktwert zwischen 13 und 15, nicht mehr und nicht weniger*, schließen läßt, verfügen Sie über eine ausgezeichnete Startbasis.

Wenn Sie jetzt noch alleine üben, machen Sie folgendermaßen weiter. Teilen Sie Blätter aus, legen Sie Ihre Eröffnungsansage fest, und denken Sie daran, daß "1 SA" jetzt ebenfalls zu Ihrem Repertoire gehört (ein *ausgeglichenes* Blatt mit 13-15 Punkten, nicht mehr und nicht weniger).

Üben Sie das ein paarmal, ehe Sie weiterlesen.

# KAPITEL 5

## WIE SIE STICHE VORBEREITEN UND SICHERN

Es ist erfreulich, daß Sie jetzt in der Lage sind, eine Eröffnungsansage zu machen. Aber nehmen wir einmal an, Sie eröffnen mit "1 SA" und alle anderen Spieler passen. Wie wir gesehen haben, bedeutet dies das Ende der Lizitation, und das Spiel beginnt.

An dieser Stelle müssen wir einige neue Begriffe einführen. Seien Sie unbesorgt – sie sind leicht zu behalten, und sie beziehen sich auf das *Spiel*, das nach dem Ende der Ansage beginnt.

Derjenige, der *als erster* die Trumpffarbe angesagt hat, ist der *Alleinspieler.*
Wenn die Lizitation folgendermaßen verlief:

| ***SÜD*** | ***WEST*** | ***NORD*** | ***OST*** |
|---|---|---|---|
| 1SA | Passe | Passe | Passe |

ist die Situation klar: Süd, der einzige, der überhaupt etwas angesagt hat, ist der Alleinspieler. Anders bei folgender Ansage:

| ***SÜD*** | ***WEST*** | ***NORD*** | ***OST*** |
|---|---|---|---|
| 1♠ | 2♥ | 2♠ | Passe |
| Passe | Passe | | |

Wieder ist Süd der Alleinspieler, denn Pik ist Trumpf, und Süd hat als erster angesagt, diese Farbe zum Trumpf zu machen.

Wie Sie sehen, spielt es keine Rolle, wer die Karten *austeilt.* Wenn es darum geht, wer Alleinspieler wird, hängt alles von den *Ansagen* ab, die gemacht werden.

Angenommen, Sie sind der Alleinspieler – was bedeutet das?

Es bedeutet, daß Sie Ihre eigenen Karten und die Karten auf dem Tisch spielen. Nur keine Ungeduld – was dies bedeutet, werden Sie sofort erfahren. In der Zwischenzeit behalten Sie bitte folgendes: Sobald Sie wissen, wer der Alleinspieler sein wird, wissen Sie auch, wer *ausspielt,* das heißt, wer die erste Karte zum ersten Stich spielt – nämlich der Spieler zur Linken des Alleinspielers.

Versuchen Sie sich an einer kleinen Übungsaufgabe, nachdem Sie die folgenden Lizitationen studiert haben. Beantworten Sie zwei Fragen: Wer ist Alleinspieler, und wer spielt aus?

| | | | | |
|---|---|---|---|---|
| 1) | ***SÜD*** | ***WEST*** | ***NORD*** | ***OST*** |
| | | Passe | Passe | Passe |
| | 1♥ | Passe | 1♠ | Passe |
| | 2♠ | Passe | Passe | Passe |

| | | | | |
|---|---|---|---|---|
| 2) | ***SÜD*** | ***WEST*** | ***NORD*** | ***OST*** |
| | Passe | Passe | 1♥ | 2♣ |
| | 2♠ | 3♠ | 4♠ | Passe |
| | Passe | Passe | | |

| 3) | *SÜD* | *WEST* | *NORD* | *OST* |
|---|---|---|---|---|
| | 1♦ | 1♥ | 2♣ | 3♥ |
| | Passe | Passe | Passe | |

Ich hoffe, Sie haben die Lösung gefunden:

1) Nord ist Alleinspieler mit "Zwei Pik", Ost spielt aus.

2) Süd ist Alleinspieler mit "Vier Pik", West spielt aus.

3) West ist Alleinspieler mit "Drei Herz", Nord spielt aus.

Das Warten hat sich gelohnt, denn nun werden Sie alles erfahren, was es mit dem Alleinspieler auf sich hat:

*Nach dem Ausspiel* legt der Partner des Alleinspielers sein ganzes Blatt offen auf den Tisch (das ist der große Unterschied zum Whist und zu ähnlichen Kartenspielen). Er wird zum *Strohmann* oder *Dummy* und spielt von nun an keine aktive Rolle mehr.

Haben Sie den Ablauf verstanden? Jemand teilt aus; seine Linie beginnt die Lizitation (vielleicht mit "Passe", je nach ihren Blättern); die Ansage geht weiter, bis drei Spieler nacheinander passen. Dann wissen Sie, wer Alleinspieler wird, wer ausspielt und wer als Strohmann seine Karten aufdeckt.

Gewöhnen Sie es sich an, die Karten des Strohmannes wie folgt auf den Tisch zu legen:

| ♠ | ♥ | ♦ | ♣ |
|---|---|---|---|
| A | K | A | 8 |
| K | 7 | D | 5 |
| B | 4 | 6 | |
| 3 | | 2 | |

Der Dummy sollte nur an eines denken: Wenn eine Farbe Trumpf ist, legt er Trümpfe *rechts* vor sich hin. Das heißt, daß er das obige Blatt, wenn Herz Trumpf ist, so hinlegt:

| ♥ | ♠ | ♦ | ♣ |
|---|---|---|---|
| K | A | A | 8 |
| 7 | K | D | 5 |
| 4 | B | 6 | |
| | 3 | 2 | |

(Die Reihenfolge der anderen Farben nach den Trümpfen spielt im Grunde keine Rolle. Beim Sans Atout können Sie die Karten natürlich in jeder gewünschten Reihenfolge hinlegen.)

Sie werden fragen: Was hat der Strohmann zu tun? Die Antwort lautet: Nichts! Nur der Alleinspieler ist für sein Blatt *und* für das Blatt des Strohmannes (den *Tisch*) verantwortlich. Angenommen, Sie sind Süd, und beim Lizitieren sind Sie als Alleinspieler bestimmt worden. West spielt eine Karte aus, der Dummy deckt seine Karten auf, und jetzt sind Sie an der Reihe. Suchen Sie sich eine passende Karte vom Blatt des Strohmannes aus, lassen Sie Ost eine Karte spielen, und wählen Sie jetzt eine Ihrer eigenen Karten aus.

Der Strohmann ist zwar passiv; aber seine Karten bleiben natürlich wichtig: Wenn eine davon den ersten Stich macht, muß auch das Ausspiel zum nächsten Stich aus dieser Hand vorgenommen werden. Ebenso verhält es sich, wenn Sie den ersten Stich mit Ihrem eigenen Blatt gewinnen: Sie müssen das Ausspiel zum nächsten Stich mit einer Karte aus Ihrer eigenen Hand machen.

Nehmen wir an, Sie müssen einen Kontrakt “1 SA” erfüllen. Dazu müssen Sie sieben von dreizehn Stichen machen. Aber es wird nur selten vorkommen, daß Sie den Strohmann siegesgewiß anschauen und im Brustton der Überzeugung sagen können: "Oh! Wir haben vier Asse und drei Könige. Ich kann die ersten sieben Stiche mühelos gewinnen!" Weit öfter haben Sie womöglich nur vier sichere Gewinnkarten und sonst lediglich eine Reihe von Hoffnungsträgern für die zusätzlichen Stiche, die Sie brauchen.

Ja – zusätzliche Stiche! Denken Sie einmal an eine Farbe, in der Sie K D B 10 haben, während der Dummy beispielsweise 4 3 2 besitzt. Dann können Sie zunächst nichts unternehmen, denn einer der Gegenspieler hat das As. Wenn Sie aber mit dieser Farbe früh eingreifen können, ist es kein großes Problem für Sie, drei Stiche zu *etablieren* (d. h. sie zu sichern). Ich nehme an, Sie haben erkannt, worum es geht. Sie fangen mit einer Ihrer hohen Karten an (es ist einerlei, ob Sie König, Dame, Bube oder Zehn nehmen – sie haben, was Ihr Spiel betrifft, alle denselben Wert). Ihre Gegenspieler (von denen einer das As hat) überlassen Ihnen entweder diesen Stich, oder sie machen ihn mit ihrem As selbst. Doch sobald das As aus dem Spiel ist, haben Sie sich für Ihre restlichen Karten in derselben Farbe drei Stiche etabliert.
Es gibt viele ähnliche Beispiele. Versuchen Sie es mit:

♠D 10 9 4
♠B 7 3

Sie fangen mit einer hohen Karte an, und Ihre Gegner müssen ihr As oder ihren König spielen – Ihnen bleiben dann zwei sichere Gewinner. Es hat keinen Sinn, die Drei auszuspielen und dann die Vier des Strohmannes, in der Hoffnung, die andere Linie werde ihr As oder ihren König spielen. Sie denkt nicht daran! Die Gegner machen den Stich mühelos mit der Sechs oder Acht und behalten As und König in Reserve. Das ganze Geheimnis besteht darin, daß Ihre Linie vier gleichwertige Karten besitzt – Dame, Bube, Zehn und Neun – und die andere Seite nur zwei Karten, die alle Ihre Karten übertreffen. Nehmen wir ein anderes Beispiel. Wie viele Stiche rechnen Sie sich mit der folgenden Farbe aus?

♠B 8 6 2
♠10 9

Es sieht nicht gerade vielverprechend aus, und doch haben Sie genügend Substanz für einen Stich – wenn Sie sich Mühe geben! Denken Sie nach: Die Zehn verliert gegen die Dame, die Neun gegen den König, der Bube gegen das As ... und was bleibt Ihnen? Die Acht, also eine Gewinnkarte.

Vorsicht! Es gibt dabei einige Fallen. Angenommen, Sie fangen an mit:

♠B 8 2
♠10 9 6

Haben Sie genügend Material für einen Stich? Nein, denn Ihre Gegner können flink As, König und Dame spielen, und alle Ihre Karten sind futsch. Sehen Sie den Unterschied zwischen diesem Beispiel und dem vorigen? Beim vorigen konnten Sie den Buben, die Zehn, die Neun und die Acht bei verschiedenen Stichen spielen. Bei diesem Beispiel müssen Sie zwei von ihnen *zusammen* spielen. Denken Sie über die folgende Farbe nach:

♠D 7 4
♠B 6 3

Wie viele Stiche sind Ihnen sicher? Leider können Sie sich auf nichts, aber auch auf gar nichts verlassen! Ihr Bube kann gegen den König verlieren, Ihre Dame gegen das As – und was bleibt Ihnen dann? Nur Plunder und keine Aussicht auf einen einzigen Stich. Nehmen wir eine kleine Änderung vor, und Sie bekommen die Zehn statt der Sechs:

♠D 7 4
♠B 10 3

Sehen Sie den Unterschied? Sie haben drei *gleichwertige* Karten, die Sie bei verschiedenen Stichen spielen können, und Ihre Gegner haben nur zwei Karten, um Sie zu übertreffen – ein Stich ist Ihnen also sicher.

Es ist ziemlich leicht zu erkennen, wie die hohen Karten für Sie arbeiten. Nicht ganz so leicht ist es jedoch, sich vorzustellen, auf welche Weise Ihnen auch niedrige Karten nützen können.

Nehmen wir an, Sie spielen Sans Atout und halten folgende Farbe:

♠A K D
♠5 4 3

Ganz recht – da gibt's kein Problem. Sie machen drei Stiche, nicht mehr und nicht weniger. Nehmen wir nun eine winzige Änderung vor, und geben wir Ihnen eine weitere niedrige Karte:

♠A K D 2
♠5 4 3

Sie haben die drei höchsten Gewinner behalten – aber haben Sie auch die Chance bekommen, noch etwas zusätzlich zu erreichen? Um diese Frage zu beantworten, sollten wir uns die Zeit für ein klein wenig Rechnen nehmen. Keine Angst: Es wird nicht allzu anstrengend; Sie brauchen nur bis 13 zu zählen! Ihre Linie hat sieben Karten in der betreffenden Farbe. Das bedeutet, daß Ihre Gegenspieler nur sechs Karten derselben besitzen. Und was wäre das Beste für Sie, wenn Ihre beiden Gegner zusammen sechs Karten ein und derselben Farbe haben? Daß jeder von ihnen drei dieser Karten hat. Es kommt nicht darauf an, welche drei Karten West und welche drei Ost besitzt, sofern sie nur beide je drei halten. Ein Beispiel:

| | | |
|---|---|---|
| | ♠A K D 2 | |
| ♠B 9 7 | | ♠10 8 6 |
| | ♠5 4 3 | |

Sie spielen das As, den König und die Dame, und niemand hat mehr Karten in dieser Farbe – und schon wird Ihre Zwei zur Gewinnkarte!

Es gibt weit mehr Möglichkeiten, als Sie vielleicht denken, um auch mit niedrigen Karten Stiche zu etablieren. Sehen Sie sich die folgenden Beispiele an:

♠A K 7 6 4
♠5 3 2

Problemlos machen Sie zwei Stiche mit dem As und mit dem König. Aber welche Aussichten haben Sie, daß auch die niedrigen Karten stechen? Rechnen wir also wieder ein wenig: Ihre Linie hat acht Karten in der betreffenden Farbe, also

haben die Gegenspieler fünf. Sie müssen nun darauf hoffen, daß deren Karten im Verhältnis 3:2 verteilt sind.
Probieren Sie es doch einmal aus! Nehmen wir an, die Konstellation sei wie folgt:

♠A K 7 6 4

♠D 10 9 ♠B 8

♠5 3 2

Sie spielen das As und den König, beide Gegner bedienen die Farbe, und die Dame kommt nicht ins Spiel. Aber das bleibt sich gleich – Sie brauchen nur die Vier des Strohmannes zu spielen und damit einen Stich an die Dame zu verlieren. Die verbleibenden Karten (Sieben und Sechs) bringen danach sichere Stiche.

Sehen Sie den Haken? Also: Es nützt nichts, zwei sichere Stiche im Blatt auf dem Tisch zu haben, wenn Sie anschließend dem Tisch nicht auch das Ausspiel verschaffen können, um damit die beiden hohen Karten zu nutzen. Wir werden später noch auf dieses Problem zurückkommen; jetzt wollen wir uns ein Blatt wie das folgende ansehen:

♦5 4 2
♦A 10 9 8 7 6 3

Ihnen fehlen zahlreiche wichtige Karten: König, Dame und Bube. Doch Ihre Gegner haben keine Chance, diese zu schützen, wenn die drei fehlenden Karten bei ihnen im Verhältnis 2:1 verteilt sind. Sie spielen Ihr As, und zwei Honneurs fallen. Jetzt steht nur noch eine hohe Karte gegen Sie, und jede Ihrer verbliebenen Karten zwingt Ihre Gegner, diese hohe Karte zu

spielen. Danach sind alle Karten, die Sie noch haben, Gewinner.
Allerdings müssen Sie folgendes beachten: Sie haben zwar in diesem Beispiel nicht weniger als fünf Stiche gemacht, aber (und das ist ein wichtiges Aber!) Sie müssen zunächst einen Stich der Gegenseite überlassen. Wenn Sie darüber nachdenken, werden Sie erkennen: Es handelt sich um eine lohnende Investition.

Gehen wir nun ganz kurz den anderen Weg, und reduzieren wir die Zahl der Karten, die Ihre Linie in einer Farbe hat:

♠A K D 2
♠4 3

Sehr schön, Sie haben drei sichere Stiche – aber haben Sie auch eine Chance, daß eine der niedrigen Karten Ihnen etwas einbringt? Kaum. Denn die andere Linie besitzt sieben Karten und Sie nur sechs. Einerlei, wie gleichmäßig diese Karten verteilt sind – wenn Sie As, König und Dame gespielt haben, hat ein Gegenspieler mindestens noch eine Karte, und diese Karte ist auf jeden Fall stärker als Ihre Zwei!

Fassen wir zusammen: Wenn Sie und Ihr Partner mit mehr Karten in einer Farbe anfangen als Ihre Gegner, haben Sie eine *Chance*, mit Ihren niedrigen Karten einen zusätzlichen Stich zu machen. Es ist nur eine Chance, keine Gewißheit! Aber je größer Ihre zahlenmäßige Überlegenheit ist, desto größer ist auch Ihre Gewinnchance.

Jetzt sind Sie viel besser darauf vorbereitet, ein Blatt zu spielen. Prüfen Sie, ob Sie eine Eröffnung machen können. Wählen Sie die beste Trumpffarbe (oder Sans Atout, wenn Ihr Blatt dafür geeignet ist). Bemühen Sie sich, möglichst viele Stiche vorzubereiten und zu gewinnen.

# KAPITEL 6

## IHR PARTNER ERÖFFNET DIE LIZITATION – UND WAS TUN SIE?

Dieses Kapitel müssen wir in zwei Abschnitte unterteilen. Es ist ein großer Unterschied, ob Ihr Partner mit "1 SA" eröffnet (und damit ein ausgeglichenes Blatt mit 13-15 Punkten hat) oder auf Einerhöhe in einer bestimmten Farbe. Im letzteren Fall wissen Sie nur, daß sein Blatt *mindestens* dreizehn Punkte wert ist, und Sie kennen seine längste Farbe.

Angenommen, Ihr Partner (Nord) hat "1 SA" angesagt. Wann antworten Sie am besten? Ihre Antwort hängt von zwei Faktoren ab: 1. Sind Sie mit seinem Vorschlag, SA zu spielen, einverstanden? 2. Wie gut ist Ihr eigenes Blatt?

Nehmen wir zunächst einmal an, Sie haben, wie Ihr Partner auch, ein ausgeglichenes Blatt – keine kurze und keine lange Farbe. Sie sind von der Idee angetan, Sans Atout zu spielen, und haben keinen Grund, eine Farbe anzusagen.

Jetzt ist es an der Zeit, an dieser Stelle die zweite "magische Zahl" des Bridge einzuführen. Die erste kennen Sie schon: die 13, die Zahl der Punkte, die ein Spieler benötigt, um zu eröffnen. Die zweite wichtige Zahl ist die 26, und da sie das Doppelte von 13 ist, ist sie leicht zu merken.

26 ist die Zahl der Punkte, die eine Linie braucht, um sich mit einiger Aussicht auf Erfolg den Gewinn einer Manche mit einem einzigen Teilspiel ausrechnen zu können. Beachten Sie den Ausdruck "mit einiger Aussicht auf Erfolg". Es kommt nämlich immer wieder vor, daß Sie und Ihr Partner sich mit

28 Punkten und einer absolut vernünftigen Taktik an der Lizitation beteiligen – aber sobald Sie beginnen, das Blatt zu spielen, scheint alles schiefzugehen. Es stellt sich heraus, daß sich alle fünf fehlenden Trümpfe auf einer Hand konzentrieren und daß alle fehlenden hohen Karten auch noch am falschen Platz auftauchen ... Eine Schlappe folgt der anderen, und Sie machen nicht genug Stiche, um das Spiel zu gewinnen. Das sollte Ihnen jedoch keine schlaflosen Nächte bereiten. Ihre Ansage war absolut vernünftig, und *normalerweise* hätten Sie Ihren Kontrakt erfüllt – aber es war eben Freitag, der dreizehnte.

Andererseits kann es auch sein, daß Ihr Partner reizt wie ein Verrückter. (Das ist das Schöne am Bridge – wenn etwas schiefgeht, dann ist gewöhnlich der Partner irgendwie daran schuld. Jedenfalls Ihrer Meinung nach.) Sie werden in einen viel zu optimistischen Kontrakt hineingezogen, obwohl Sie beide vielleicht nur 23 Punkte haben. Es riecht nach einer Katastrophe – aber sobald Sie wider alle Vernunft das Blatt spielen, ist alles eitel Sonnenschein, und alle fehlenden Karten sind aus Ihrer Sicht günstig verteilt. Sie gewinnen entgegen jeder Erwartung das Spiel und vergessen, daß Sie es dem Optimismus des Partners verdanken.

Dennoch – guten und schlechten Tagen zum Trotz – können Sie erst ab 26 Punkten mit "Kostendeckung" rechnen. Sehen Sie es so: Wenn Sie und Ihr Partner immer dann die letzte Ansage machen, wenn Ihre Karten wenigstens 26 Punkte wert sind, und wenn es Ihnen gelingt, sich jedesmal zu bremsen, wenn Sie weniger Punkte haben, werden Sie auf *lange Sicht* Erfolg haben. Sie werden nicht jedesmal gewinnen – das schafft niemand. Aber das Gesetz der Wahrscheinlichkeit wird auf Ihrer Seite sein.

Es wird wieder Zeit, ein paar Blätter zu betrachten. Ihr Partner eröffnet mit "1 SA" (er hat also 13-15 Punkte), und Sie haben:

♠A 7 4
♥K B 3
♦D 10 8 6
♣K 8 2

Haben Sie Ihre Punkte gezählt? Es sind 13. Der Partner hat 13-15, Sie beide also mindestens 26. Sie haben sozusagen die Majorität im Karo – doch um das Spiel mit Karo zu gewinnen, brauchen Sie elf Stiche. Wenn Sie dagegen mit Sans Atout einverstanden sind, dürften Ihnen neun Stiche ohne Trumpf leichter fallen.

Es ist eine einfache Rechnung! Ihr Partner schlägt Sans Atout vor und hat 13 bis 15 Punkte; Sie ziehen ebenfalls Sans Atout vor und haben 13 Punkte. Was könnte leichter sein? Nach der Eröffnungsansage Ihres Partners bieten Sie "3 SA". Ganz einfach. Sie wissen, daß Ihre Linie genügend Punkte hat, und Sie wissen, daß Sie beide ohne Trumpf spielen möchten.

Probieren sie es noch einmal. Ihr Partner eröffnet mit "1 SA" (er hat 13-15 Punkte), und Sie halten:

♠D 7 4 2
♥K B 5
♦D 6 3
♣B 7 2

Ihnen schwebt Sans Atout vor; aber Sie wissen, daß Ihre Linie nicht genügend Punkte hat, um den Kontrakt zu erfüllen. Kein Problem! Sie sagen: "Passe." Lassen Sie Ihren Partner unbesorgt mit seinem SA-Kontrakt alleine. Gibt es einen Kompromiß? Lautet die Alternative immer, sich entweder in einen

Kontrakt hineinziehen oder Ihren Partner mit "1 SA" alleine zu lassen? Nun, es gibt noch eine andere Möglichkeit. Nehmen wir an, Ihr Blatt sieht so aus:

♠K B 4
♥D 9 8 7
♦A 6 3
♣B 10 4

Der Partner eröffnet mit "1 SA" (er hat also 13-15 Punkte), und Sie müssen herausfinden, ob Sie beide die entscheidenden 26 Punkte zusammenbringen. Sie selbst haben 11 Punkte, Ihre Linie also zusammen 24, 25 oder 26 Punkte. Wie können Sie die Lage sondieren? Ich nehme an, Sie kennen die Lösung. Sie erhöhen auf "2 SA". Nicht deshalb, weil Sie hoffen, den "2 SA"-Kontrakt zu erfüllen (das hoffen Sie ohnehin!), sondern weil Sie mit 6 + 3 = 9 Stichen rechnen. Mit Ihrem Gebot drängen Sie Ihren Partner, weiterzumachen, wenn er die maximalen 15 Punkte hat, oder zu passen, wenn er nur 13 hat.

Meist können Sie sich sofort entscheiden: entweder schnell ins Spiel zu kommen oder den Partner mit seinem "1 SA" alleine zu lassen. Nur ab und zu müssen Sie etwas mehr nachdenken.

Allerdings haben wir bis jetzt nur das halbe Problem erörtert, was die Reaktion auf "1 SA" angeht. Manchmal werden Sie ganz und gar nicht mit der Idee Ihres Partners einverstanden sein, SA zu spielen. Angenommen, Sie haben das folgende Blatt:

♠Chicane
♥10 8 7 6 3 2
♦6 4 2
♣B 8 5 3

Ein schreckliches Blatt mit nur einem Punkt! Was würde Ihrer Meinung nach geschehen, wenn Sie Ihren Partner mit dem "1 SA"-Kontrakt alleine ließen? Zunächst einmal ist es sehr unwahrscheinlich, daß er für Ihre lange Herzfarbe Verwendung hätte, und Ihr Treff-Bube wird ihm wenig Ehrfurcht einflößen. Schlimmer noch: Die Gegner müssen eine Menge Pik haben – und sie werden sie spielen. Selbst wenn Ihr Partner in dieser Farbe einen Stopper hat, wird er schnell aufgeben müssen.

Können Sie verhindern, daß Ihr Partner mit seinem "1 SA"-Kontrakt drei oder vier Faller hat? Ja, es wäre viel besser, wenn Sie mit Herz als Trumpf spielen könnten. Gewiß, Sie haben hier eine schwache Farbe. Aber sie enthält immerhin sechs Karten (wahrscheinlich drei mehr, als jeder Mitspieler hat), und wenn Herz Trumpf wird, ist Ihr Blatt bestimmt für *einige* Stiche gut.

Natürlich müssen Sie "Zwei Herz" bieten, um "1 SA" zu überbieten. Das heißt, Sie versuchen, eher acht als sieben Stiche zu machen. Aber hätten Sie nicht lieber einen Faller mit "Zwei Herz", als Ihren Partner mit "1 SA" drei oder vier Downs erleiden zu sehen?

Natürlich können Sie ein Gebot "Zwei Herz" nicht riskieren, solange auch nur die geringste Gefahr besteht, daß Ihr Partner sich auf "Drei Herz" oder "2 SA" einläßt oder eine neue Farbe ansagt.

Zum Glück gibt es eine sehr einfache Regel, die überall angewandt wird, um auf die Eröffnung "1 SA" zu reagieren. Wenn Sie auf Zweierhöhe in irgendeiner Farbe antworten, fordern Sie damit Ihren Partner auf, nicht mehr zu bieten. Eigentlich habe ich mich zu vorsichtig ausgedrückt. Eine Antwort auf Zweierhöhe in irgendeiner Farbe auf "1 SA" bedeutet: "Halt den Mund! Ich möchte kein Wort mehr hören, bis wir das nächste Blatt spielen!"

Schön. Sie wissen jetzt, wie Sie die Bremse treten, wenn Sie Sans Atout nicht mögen. Aber wie können Sie Gas geben? Ich bin sicher, Sie haben das Problem erkannt: Sie sind nicht mit Sans Atout einverstanden, haben aber ein gutes Blatt – gut genug, um das Spiel mit den 13-15 Punkten Ihres Partners zu gewinnen.

Nehmen wir dieses Blatt als Beispiel:

♠A B 9 6 3
♥A B 9 6 3
♦D 5 2
♣Chicane

Zwölf Punkte, zwei Farben mit Fünferlängen, eine Chicane in Treff. Das sollte reichen, um das Spiel zu gewinnen. Aber zehn Stiche mit Pik oder Herz als Trumpf sind attraktiver als neun mit Sans Atout. Da Sie keinen Anhaltspunkt haben, um sich zwischen Ihren beiden Majorfarben zu entscheiden, möchten Sie Ihren Partner gerne über beide informieren, um herauszufinden, welche er vorzieht. Das Problem besteht darin, daß alles gelaufen ist, wenn Sie ohne Zögern "Zwei Pik" oder "Zwei Herz" bieten. Denn ein wohlerzogener Partner antwortet darauf, wie wir gesehen haben, ohne langes Nachdenken mit "Passe".

Die Lösung? Sie *überspringen* das nächsthöhere Gebot ("Zweierhöhe"). Sie sagen also in diesem Fall "Drei Pik" an, als ob Sie das Reizen mit zwei benachbarten Farben eröffnen würden. Hätten Sie nur eine Farbe mit vier Karten, würde Sie der Gedanke, SA zu spielen, nicht stören. Nur wenn Sie in einer Farbe fünf oder mehr Karten haben, möchten Sie sondieren.

Noch etwas ist zu bedenken. Es lohnt sich nicht immer, den Partner über eine unedle Farbe zu informieren. Vergleichen Sie diese beiden Blätter:

| a) | | b) | |
|---|---|---|---|
| | ♠A 5 | | ♠D 10 8 6 5 |
| | ♥B 6 4 | | ♥B 6 4 |
| | ♦D 10 8 6 5 | | ♦A 5 |
| | ♣A B 2 | | ♣A B 2 |

Mit Blatt a) ist es vernünftig, auf "1 SA" direkt mit "3 SA" zu antworten. Elf Stiche mit Karo als Trumpf sind eine fragwürdige Angelegenheit, neun Stiche mit Sans Atout eine ziemlich sichere.

Sehen wir uns nun Blatt b) an. Hier sind zehn Stiche mit Pik als Trumpffarbe (sofern dem Partner die Farbe gefällt) leichter zu machen als neun mit Sans Atout.

Sehen Sie den Unterschied? Eine gute Trumpffarbe für eine Linie ist in der Regel einen Extrastich wert. Darum ist es oft besser, neun Stiche mit Sans Atout zu versuchen als elf mit Karo oder Treff als Trumpf. Wenn Sie aber mit einer Majorfarbe (Pik oder Herz) gut versorgt sind, kann eine günstige Trumpffarbe Ihnen einen Stich mehr einbringen. Vier Pik oder vier Herz (und eine günstige Trumpffarbe) können also durchaus das Spiel erleichtern.

Jetzt sind wir in der Lage, alles Wesentliche zusammenzufassen. Denken Sie einfach an Ihre beiden Entscheidungsmöglichkeiten (es geht immer um entweder-oder): Sind Sie mit dem Vorschlag Ihres Partners einverstanden oder nicht? Wollen Sie einen Kontrakt eingehen oder nicht?
Bringen wir das Ganze in Tabellenform:

| | Nicht gut genug für ein Spiel | Gut genug für ein Spiel |
|---|---|---|
| Sie mögen SA | Passe | 3 SA |
| Sie mögen SA nicht | Zwei in einer langen Farbe | Drei in einer langen Farbe |

Das Schöne an der Eröffnung "1 SA" Ihres Partners ist, daß Sie die Dinge voll im Griff haben! Sie wissen, was er hat (wie stark sein Blatt ist und daß es ausgeglichen ist), und Sie wissen, was Sie selbst haben. Was könnte einfacher sein?

Der zweite große Vorteil der Eröffnung "1 SA" besteht darin, daß er die Gegenseite oft zum Verstummen bringt. Wenn Sie zum Beispiel mit "Ein Treff" eröffnen, fällt es dem nächsten Spieler sehr leicht, mit "Ein Karo" oder "Ein Herz" usw. zu antworten. Er kann alles bieten, was ihm auf Stufe 1 gefällt. Eröffnen Sie jedoch mit "1 SA", kann er erst auf Stufe 2 eingreifen. Und: Es gibt eine ganze Reihe Blätter, mit denen er zwar auf Stufe 1 mithalten kann, auf Stufe 2 jedoch nicht.

Ich will nicht behaupten, es lohne sich, mit "1 SA" bei einem ungeeigneten Blatt oder einer ungenügenden Punktzahl zu eröffnen. Auf lange Sicht werden Sie dabei mehr verlieren als gewinnen. Dennoch – die Eröffnung "1 SA" hat für Sie und Ihren Partner so viele Vorteile, daß Sie eher nach Rechtfertigungen suchen sollten, um diese Ansage zu machen, als nach Gründen, die dagegensprechen.

* * *

Natürlich gibt es noch ein großes Problem beim Antworten. Wenn Ihr Partner beschließt, nicht mit "1 SA", sondern auf Einerhöhe zu eröffnen – wie reagieren Sie? Das ist die große Frage!

Denken wir zuerst darüber nach, was aus der Eröffnung Ihres Partners zu schließen ist. Anders als bei "1 SA" wissen Sie *nicht genau*, was er an Karten hält. Sie kennen nur seine längste Farbe (oder eine von ihnen) und wissen, daß er mindestens 13 Punkte hat.

In der Praxis gibt es eine obere Grenze dessen, was er haben kann. Denn mit mehr als 20 Punkten hätte er wohl etwas Aufregenderes als Eröffnung gefunden ("Zweierhöhe" oder "2 SA"; mehr davon später).

Nehmen wir einmal an, Ihr Partner hat die Lizitation mit "Ein Herz" eröffnet, und der nächste Spieler paßt. Welche Möglichkeiten bleiben Ihnen, und wie reagieren Sie?

Meiner Meinung nach lassen sich alle denkbaren Reaktionen in vier Gruppen einteilen:

1. Sie passen.
2. Sie unterstützen den Partner.
3. Sie bieten "Sans Atout".
4. Sie bieten eine neue Farbe.

Diese Möglichkeiten wollen wir nacheinander besprechen. Angenommen, Sie haben folgendes Blatt:

♠10 7 6 5 4 2
♥Chicane
♦B 8 6 3 2
♣5 4

Denken Sie daran, daß der Partner mit “Ein Herz” eröffnet hat. Eines ist sicher: Sie halten nichts davon, dieses Blatt mit Herz als Trumpf zu spielen. Aber Sie können keine Nägel ohne Köpfe machen. Wenn Sie reizen, wird Ihr Partner sicherlich annehmen, Sie hätten etwas Interessantes in Ihrem Blatt (hohe Karten; genügend Substanz, um Stiche zu machen).

Sie *wissen* jedoch, daß Sie bemerkenswert wenig Substanz haben. Aber Bridge ist – wie das Leben – voller Verlockungen! Ehe Sie sich bremsen können, hören Sie sich sagen: “Ein Pik”. Nun wäre es ja ganz gut, wenn Ihr Partner Ihre Pik unterstützen würde – aber im wirklichen Leben scheint es so zu sein, daß er immer “Zwei Herz” ansagt. Aufgrunddessen kommen Sie zu der Auffassung, es müsse doch eine Alternative geben, wenn er Ihr Pik nicht mag und Sie seine Herzen nicht leiden können. Und Sie hören sich selbst sagen: “Drei Karo.” Seien Sie ehrlich: Wenn Ihr Partner darauf mit “3 SA” oder “Drei Herz” reagiert – wären Sie darüber glücklich? Ich bezweifle es! Denn Sie haben zwei konstruktive Angebote gemacht, ohne eine einzige hohe Karte im Blatt zu haben. Es sieht ganz danach aus, als ob Ihnen eine Katastrophe bevorstünde! Die Lösung? Passen Sie! Der Kontrakt Ihres Partners ist vielleicht nicht ideal, aber auch kein totaler Reinfall.

Machen wir daraus ein einfaches Rechenexempel: Wenn Ihr Partner mit einer Farbe eröffnet, sollten Sie passen, sofern Sie nicht mindestens sechs Punkte in hohen Karten besitzen. Sein Eröffnungsgebot kann bis zu zwanzig Punkte enthalten (Sie erinnern sich: Ein Spiel hat 26 Punkte); also sind Sie noch nicht aus dem Spiel.

Denken Sie über die zweite Möglichkeit auf unserer Liste nach: Sie können Ihren Partner unterstützen. Das bringt uns zu einer anderen wichtigen Frage: Wie können Sie sicher sein, daß Ihre Linie eine günstige Trumpffarbe gefunden hat? Ich fürchte, wir müssen wieder ein bißchen rechnen, aber es ist wie immer ganz einfach. Überlegen Sie, für welche Trumpffarbe Sie sich entscheiden. Wenn Sie und der Partner nur sieben Karten in einer Farbe haben, besitzen Ihre Gegenspieler deren sechs. Und eine 7:6-Mehrheit ist nicht sehr solide. Schon wenn Sie genötigt sind, eine oder vielleicht zwei Trumpfkarten zu spielen, haben Sie weniger Trümpfe als die Gegenseite, und Ihre Argumente für diese Trumpffarbe haben sich in Luft aufgelöst! Wenn Ihre Linie jedoch mit mindestens *acht* von dreizehn Trümpfen anfängt, stehen Sie auf viel festerem Boden. Überlegen Sie: Ihre Linie hat acht, Ihre Gegner haben nur fünf. Vielleicht sind Sie gezwungen, ein- oder sogar zweimal zu übertrumpfen. Ihre Linie behält dennoch die meisten Trümpfe.

Wie aber können Sie herausfinden, ob Sie und Ihr Partner mindestens acht Trümpfe halten? Nur dadurch, daß Sie ihn nicht sofort unterstützen – es sei denn, Sie besitzen wenigstens vier Karten in seiner Farbe. Das ist zumindest eine sehr gute Regel, die Sie nur im Notfall mißachten sollten.

Sehen wir uns einige Blätter an, die gut zum Vorschlag Ihres Partners passen, mit Trumpf zu spielen. Nehmen wir an, er hat mit "Ein Pik" begonnen.

Sie selbst besitzen:

♠D 10 7 3
♥8 4
♦A B 5 3
♣10 9 4

Der Partner *kann* bis zu zwanzig Punkten halten und dennoch nichts Aufregenderes geboten haben. Nur für den Fall, daß es so ist, halten Sie die Lizitation offen, wenn Sie sechs oder mehr Punkte haben. Sie mögen bestimmt die Farbe Pik, und Ihr Blatt ist mit Sicherheit alles andere als großartig. Geben Sie sich mit dem Gebot "Zwei Pik" zufrieden. Meist wird Ihr Partner jetzt passen. Nur wenn er ein sehr starkes Blatt hat, wird er das Spiel vorantreiben (mit "Vier Pik"). Ihre Ansage läßt auf sechs bis neun Punkte schließen.

Jetzt bessern wir Ihr Blatt ein wenig auf. Legen wir ein As dazu, und machen wir es um einen ganzen Stich stärker:

♠D 10 7 3
♥A 4
♦A B 5 3
♣10 9 4

Jetzt sind Sie zu stark, um sich mit "Zwei Pik" zu begnügen. Stattdessen springen Sie auf "Drei Pik" – ein weitaus ermutigenderes Gebot, das auf zehn bis zwölf Punkte hindeutet. Nun wird Ihr Partner das Spiel vorantreiben; allerdings nicht, wenn er mit dem Minimum von dreizehn Punkten und mit einem wenig ausgeglichenen Blatt begonnen hat.

Zum Abschluß geben wir Ihnen ein noch besseres Blatt:

♠D 10 7 3
♥A 4
♦A B 5 3
♣K 9 4

Das verschafft Ihnen vierzehn Punkte, und selbst wenn Ihr Partner mit dem Minimum von 13 Punkten eröffnet hat, wissen Sie, daß Ihre Linie mindestens über die 26 Punkte verfügt, die Sie für ein Spiel brauchen. Es besteht kein Grund zur Zurückhaltung, und daher sagen Sie gleich "Vier Pik" an.

Fassen wir zusammen. Wenn Ihnen die Pikfarbe Ihres Partners gefällt,

**bieten Sie "Zwei Pik", wenn Sie 6-9 Punkte haben;**
**bieten Sie "Drei Pik", wenn Sie 10-12 Punkte haben;**
**bieten Sie "Vier Pik", wenn Sie 13-15 Punkte haben.**

Bevor wir das Thema "Unterstützung der Farbe des Partners" verlassen, sollten Sie noch über das folgende Problem nachdenken: Angenommen, Sie bieten "Ein Herz", und Ihr Partner unterstützt Sie – welches dieser beiden Blätter wäre Ihnen als Tisch lieber:

| a) | b) |
|---|---|
| ♠A 6 5 | ♠A 6 5 2 |
| ♥K 10 6 3 | ♥K 10 6 3 |
| ♦D 8 7 | ♦D 8 7 4 |
| ♣4 3 2 | ♣2 |

Beide Blätter haben genau neun Punkte und scheinen sehr schön zu einer "Zwei Herz"-Ansage zu passen.

Wenn Ihr Blatt aber so aussieht:

♠K D 4
♥A D B 5 4
♦K 2
♣10 8 6

ist es eine gute Übung, herauszufinden, wie viele Stiche Sie in beiden Fällen machen werden. Was Blatt a) betrifft, so sind Ihre Gegner in der Lage, die ersten vier Stiche zu gewinnen (drei Treff und ein Karo), ehe Sie anfangen. Und es spielt keine Rolle, wie viele hohen Karten Sie noch halten – Sie können nicht zehn Stiche machen, wenn die andere Linie Ihnen schon vier abgenommen hat.

Nehmen wir jetzt an, Blatt b) sei Ihr Dummy. Sehen Sie den großen Unterschied? Die Gegner können mit Treff nicht mehr drei Stiche machen, sondern nur noch einen. Denn alle weiteren Treff, die sie spielen, werden vom Tisch übertrumpft. Sie gewinnen mit Ihren Trümpfen sogar zwei Überstiche: mit den Fünfen in Ihrem Blatt und mit den beiden Trümpfen auf dem Tisch.

Was Blatt b) soviel besser macht, ist der *Singleton* (d.h. eine einzige Karte in einer Farbe; hier die Treff-2) und die vielen Trümpfe. Es wäre noch viel besser, wenn Blatt b) in Treff Chicane wäre. Ein Treff-*Doubleton* (d.h. zwei Karten in dieser Farbe) wäre nicht ganz so gut, aber immer noch nützlich.

Sie haben bereits gelernt, wie Sie Ihre Punktzahl berichtigen (wenn Sie die Lizitation eröffnen, zählen Sie etwas für eine lange Farbe hinzu). Es gibt auch einen anderen Weg, aber *nur, wenn Sie die Farbe Ihres Partners unterstützen.* Zählen Sie wie folgt:

**für eine Chicane 3 Zusatzpunkte,**
**für einen Singleton 2 Zusatzpunkte,**
**für einen Doubleton 1 Zusatzpunkt.**

Betrachten wir jetzt noch einmal Blatt b). Neun Punkte und zwei Punkte für den Singleton ergibt elf Punkte zur Unterstützung eines Herz-Kontraktes. Das Angebot sollte “Drei Herz” lauten. WARNUNG! Geben Sie sich nicht Zusatzpunkte für lange *und* kurze Farben im selben Blatt – damit brocken Sie sich einige dumme Antworten ein. Schließlich müssen Sie irgendwo kurze Farben haben, wenn Sie lange besitzen, und Sie können nicht denselben Sachverhalt doppelt bewerten. Schauen Sie dieses Blatt an:

♠4
♥K D 8 7 3
♦K D 6 4 2
♣8 5

Falls Sie an eine Eröffnung denken – wie viele Punkte haben Sie? Richtig, es sind zwölf, und darum passen Sie. Nehmen wir aber an, Ihr Partner eröffnet mit “Ein Herz” – wie viele Punkte ist Ihr Blatt wert, wenn Sie Herz unterstützen möchten? Gut, es sind dreizehn Punkte. Und darum springen Sie direkt auf “Vier Herz”.

Die nächste Möglichkeit auf unserer Liste ist “Sans Atout” als Reaktion auf die Eröffnung des Partners. Die Antwort “Sans Atout” stützt sich wie die gleichlautende Eröffnung auf ein ausgeglichenes Blatt ohne lange und kurze Farben, wobei die hohen Karten ziemlich gut verteilt sind.

Sie werden gleich ein vertrautes Muster erkennen, wenn wir uns ein paar Beispiele ansehen. Nehmen wir an, Ihr Partner eröffnet mit “Ein Pik”, und Sie haben eines der folgenden Blätter:

| a) | b) | c) |
|---|---|---|
| ♠8 7 3 | ♠K 8 7 | ♠K 8 7 |
| ♥K B 4 | ♥K B 4 | ♥K B 4 |
| ♦D B 7 | ♦D B 7 | ♦A D 7 |
| ♣B 9 4 2 | ♣B 9 4 2 | ♣B 9 4 2 |

Ich nehme an, Sie können herausarbeiten, wie Sie antworten:

**auf a) mit “1 SA” – Sie zeigen 6-9 Punkte an,**
**auf b) mit “2 SA” – Sie zeigen 10-12 Punkte an,**
**auf c) mit “3 SA” – Sie zeigen 13-15 Punkte an.**

Sie verhalten sich so wie bei der Unterstützung der vom Partner angesagten Farbe.

Diese sechs begrenzten Antworten nennt man *Limitbids,* denn sie informieren Ihren Partner genau darüber, was Sie selbst haben. Und nachdem Sie eine Limitansage gemacht haben, können Sie sich entspannt zurücklehnen. Ihr Partner ist am Zug! Er weiß, was Sie haben, und er weiß sicherlich, was er selbst hat.

# KAPITEL 7

## IHR PARTNER ERÖFFNET, UND SIE MÖCHTEN EINE NEUE FARBE ANSAGEN

Vielleicht fragen Sie sich, was aus der vierten Möglichkeit in der Liste denkbarer Reaktionen auf eine Ansage in Einerhöhe seitens des Partners geworden ist. Es handelt sich um die Ansage einer anderen Farbe.

Wenn Sie die Farbe Ihres Partners unterstützen oder mit "Sans Atout" antworten, haben Sie die ganze Stärke Ihres Blattes zu erkennen gegeben. Darum sprechen wir von Limitansagen. Leider können Sie diese Methode nicht anwenden, wenn Sie *eine neue Farbe* bieten. Angenommen, Ihr Partner eröffnet mit "Ein Pik", und Sie möchten ihn über Ihre Treff-Farbe informieren. Bieten Sie "Zwei Treff" bei 6-9 Punkten, "Drei Treff" bei 10-12 Punkten und "Vier Treff", wenn Sie 13-15 Punkte haben?

Wohl kaum. Denn die Folge "Ein Pik" – "Vier Treff" hebt Sie auf Stufe 4, obwohl Sie noch immer nicht wissen, welche Farbe Ihnen und Ihrem Partner behagt. Es ist gut möglich, daß "3 SA" der beste Kontrakt wäre, aber nun sind Sie darüber hinausgaloppiert. Wenn Sie eine neue Farbe bieten, sollten Sie also unnötige Fehler vermeiden.

Mit folgenden Blättern geben Sie auf "Ein Herz" jeweils dieselbe einfache Antwort, nämlich "Ein Pik":

| | | |
|---|---|---|
| a) ♠A D 7 6 4 | b) ♠A D 7 6 4 | c) ♠A D 7 6 4 |
| ♥3 | ♥3 | ♥3 |
| ♦8 7 6 5 | ♦A 7 6 5 | ♦A 7 6 5 |
| ♣9 5 3 | ♣9 5 3 | ♣A 5 3 |

Sind Ihnen die Konsequenzen klar? Nehmen wir an, Sie haben mit einer Farbe eröffnet, und Ihr Partner antwortet mit einer neuen Farbe. *Sie können nicht passen.* Jedenfalls dann nicht, wenn Sie es sich mit Ihrem Partner nicht verderben möchten. Denn *vielleicht* hat er genug Punkte, um ein Spiel zu gewinnen, auch wenn Sie mit nur 13 Punkten eröffnet haben. Betrachten Sie es als Beginn einer geistreichen Konversation. Sie rufen doch auch nicht einen Freund an, nur um einzuhängen, sobald er abgehoben hat!

Auch dazu sollten wir uns ein Blatt ansehen. Sie haben:

♠A 8 6 4
♥D 9 6 2
♦7 3
♣D 10 5

Ihr Partner eröffnet mit “Ein Karo”. Wie können Sie antworten? Sie können “Ein Pik” oder “Ein Herz” oder “1 SA” bieten. Welche Ansage ist die beste? Es sieht so aus, als sei “1 SA” am günstigsten, denn diese Limitansage teilt dem Partner mit, daß Sie 6-9 Punkte haben. Die Alternative – eine Ihrer Farben anzusagen – ist dagegen viel unklarer. Sie besagt nur, daß Sie mindestens sechs Punkte haben. Dennoch ist es ratsam, zuerst eine Farbe anzusagen, wenn es Ihnen nichts ausmacht, um sich nicht gleich in ein Spiel ohne Trumpf zu stürzen.

Stellen Sie sich vor, Ihr Partner hat:

♠B 2
♥B 10 8 3
♦A K 9 8 5
♣A 3

Das ist kein aufregendes Blatt, aber er wird sicherlich mit "Ein Karo" anfangen. Wenn Sie jetzt beide Blätter betrachten – welche Trumpffarbe ist am günstigsten? Richtig: Herz ist am besten, weil Sie und Ihr Partner acht Karten in dieser Farbe haben und von allen anderen Farben weniger. Können Sie aber sicher sein, mit Herz durchzukommen, wenn Sie mit "1 SA" oder "Ein Pik" antworten? Damit machen Sie es Ihrem Partner sehr schwer, Herz anzusagen (notwendig wäre "Ein Karo" – "Ein Pik", "*Zwei* Herz" oder "Ein Karo" – "1 SA", "*Zwei* Herz"). Wenn Sie jedoch mit "Ein Herz" beginnen, hat es Ihr Partner leichter. Er kann Herz mit vier oder mehr Karten in dieser Farbe unterstützen. Oder er kann auf Stufe 1 Pik bieten, oder er kann selbst "1 SA" ansagen. Besser geht es nicht.

Dieses Beispiel verdeutlicht zwei wichtige Regeln: 1. Wenn Sie auf Stufe 1 mühelos eine Farbe ansagen können, tun Sie es, und stürzen Sie sich nicht in ein Sans-Atout-Spiel. 2. Wenn Sie auf Stufe 1 zwischen zwei oder mehr Farben derselben Länge wählen können, machen Sie das billigste Angebot. Probieren sie es mit diesem Blatt aus:

♠A 8 5 4
♥K 9 7 3
♦D 8 5 2
♣5

Ihr Partner eröffnet mit “Ein Treff”. Wie antworten Sie? Richtig – mit “Ein Karo”. Der Partner kann Ihre Farbe unterstützen, wenn er vier Karo hat, und er kann mühelos Herz oder Pik auf Stufe 1 bieten, wenn er möchte.

Jetzt wollen wir über ein leicht abgewandeltes Problem nachdenken: Wenn der Partner mit “Ein Herz” eröffnet, können Sie ihn über eine günstige Farbe informieren, indem Sie “Ein Pik” bieten. Es ist zwar eine neue Farbe, die Ihren Partner zwingt (beim Bridge sagen wir auch *forciert*), noch einmal zu bieten. Aber alles, was Sie versprechen, sind mindestens sechs Punkte und wenigstens vier Karten in Ihrer Farbe. Nehmen wir aber an, Sie wollen Ihrem Partner die Karofarbe nahelegen. Auf “Ein Herz” müssen Sie mit “Zwei Karo” antworten. Wieder muß der Partner weiterreizen. Sie waren es jedoch, der mit der neuen Farbe Ihre Linie zu acht Stichen statt sieben verpflichtet hat! Also ist es nur legitim, von Ihnen zu erwarten, daß Sie ein etwas besseres Blatt haben, als Sie es für eine Antwort auf Stufe 1 benötigen würden. Merken Sie sich als Faustregel: Der Sprung auf Stufe 2 (die *einfache Hebung*) ist nur zu empfehlen, wenn Sie mindestens acht Figurenpunkte und eine Farbe mit fünf Karten haben. Eine dieser Voraussetzungen können Sie weniger ernstnehmen, wenn Sie bei der anderen ausgleichen können. Zwei Beispiele:

| a) | | b) | |
|---|---|---|---|
| | ♠7 4 | | ♠8 3 |
| | ♥8 3 | | ♥A 10 5 |
| | ♦8 2 | | ♦K D 8 7 |
| | ♣A D B 10 9 8 7 | | ♣A B 9 3 |

Hier wäre es durchaus angebracht, auf “Ein Herz” mit “Zwei Treff” zu antworten. Bei a) haben Sie nur sieben Punkte, aber eine gute, lange Farbe als Ausgleich. Bei b) haben Sie viele

Punkte, die Sie später einsetzen können, und Sie bieten daher etwas mehr, obwohl Sie nur eine Viererlänge haben.

Sehen Sie, welches Problem hier auftauchen könnte? Versuchen Sie eine Antwort auf "Ein Herz" mit folgendem Blatt:

♠4
♥A B 3
♦B 7 5 2
♣10 8 5 4 3

Mit sechs Punkten ist das Blatt eine Antwort wert, nicht aber eine neue Farbe auf Stufe 2! Sie können also nicht "Zwei Treff" bieten, und Sie stehen zu gut da, um zu passen. Der wohl einzige Ausweg besteht darin, eine der obengenannten Regeln zu brechen ("beugen" wäre treffender!) und den Partner mit nur drei Trümpfen zu unterstützen, indem Sie sich auf eine einfache Hebung (auf "Zwei Herz") einlassen. Reden Sie sich nicht ein, das sei eine gute Antwort (sie ist es nicht!). Nur: Die Alternativen ("Zwei Treff" oder "Sans Atout") sind noch schlimmer.

Nehmen wir dasselbe Blatt, lassen wir den Partner diesmal aber mit "Ein Pik" eröffnen. Sie sind immer noch nicht stark genug, um auf Zweierhöhe eine neue Farbe anzusagen. Jetzt besteht kein Zweifel daran, daß Sie die Farbe des Partners unterstützen müssen. Die Lösung? Sie "beugen" Ihre "1 SA"-Antwort ein bißchen. Sie haben die richtige Punktzahl (Sie erinnern sich: Es sind 6-9 Punkte), aber die falsche Verteilung. Schade – aber was können Sie sonst tun? Gewiß, wenn Ihr Partner nach "1 SA" paßt oder eine neue Farbe bietet, stehen Sie besser da als mit "Ein Pik". Sie werden nur enttäuscht sein, wenn er einen Zahn zulegt und wieder Pik ansagt. Wenn Ihr Blatt allerdings ein wenig stärker wäre, etwa:

♠4
♥A B 3
♦B 7 5 2
♣K 8 5 4 3

hätten Sie keine Sorgen mehr. Sie besäßen alle Karten, die Sie brauchen, um auf Zweierhöhe eine neue Farbe als Antwort auf “Ein Herz” oder “Ein Pik” anzusagen.

Jetzt sollten Sie ein Blatt nehmen und mehrere Lizitationen durchspielen. So können Sie sich wieder ins Gedächtnis rufen, welche Gebote limitierte Ansagen sind und welche nicht. Wenn Sie dieses Blatt bekommen:

♠A B 8 3
♥D B 8 5 2
♦7
♣A D 7

und Ihr Partner mit “Ein Karo” eröffnet, ist der erste Schritt einfach: Sie sagen “Ein Herz” an. Das ist eine neue Farbe; also besteht kein Grund zur Eile. Doch dann hebt Ihr Partner Sie auf “Zwei Herz” – was nun?

Ein Rückblick kann Ihnen helfen, das Problem klarer zu erkennen. Wir haben gesagt, daß Sie und Ihr Partner beim Reizen versuchen, Antworten auf zwei Fragen zu finden:

1. In welcher Farbe möchten wir spielen?
2. Wie hoch möchten wir reizen?

Glauben Sie mir: Wenn Sie diese Fragen in neun von zehn Fällen richtig beantworten können, sind Sie reif für die Bridge-Nationalmannschaft! Wie viele Antworten gibt es auf diese Fragen? Es gibt vier Farben; aber Sie können auch ohne Trumpf spielen, so daß Frage 1 fünf Lösungen ermöglicht.

Das Problem "Wie hoch?" ist allerdings etwas komplizierter. Man könnte sagen, es gibt sieben Stufen, aber im großen und ganzen nur zwei Ziele: Entweder Sie wollen bieten, oder Sie wollen passen. Und es hat wenig oder gar keinen Sinn, beispielsweise "Vier Karo" statt "Drei Karo" anzusagen – eine Hebung ist nur dann sinnvoll, wenn Sie glauben, in einem Spiel "Fünf Karo" zu erreichen.

Das ist natürlich nicht alles, denn es können noch ein oder zwei weitere Ereignisse eintreten. Wenn Sie der Meinung sind, Ihre Linie könne zwölf Stiche gewinnen (einen *Kleinen Slam*) oder sogar dreizehn (einen *Großen Slam*), winken Ihnen beträchtliche Prämien. Eine andere Möglichkeit besteht darin, daß Ihre Gegner an der Lizitation teilnehmen und Sie eine Wettkampfsituation beurteilen müssen. Ja, es gibt sogar zwei Ansagen, die wir noch nicht erwähnt haben! Wenn Ihre Gegenspieler eine Ihrer Meinung nach nicht erfüllbare Ansage abgeben, können Sie "Kontra" sagen. Wenn die andere Linie dann ihren Kontrakt nicht erfüllt, verdoppelt sich der Wert der Faller. Haben die Gegner die Frechheit, Ihnen Kontra zu bieten, können Sie mit "Rekontra" antworten, wodurch sich der Wert des Spiels verdoppelt. Sie *müssen* nicht rekontrieren – Sie tun es nur, wenn Sie von Ihrer Ansage und Ihren Karten völlig überzeugt sind! Damit ist aber Schluß. Rerekontras gibt es nicht, auch wenn Ihnen noch so sehr daran liegt!

Wenden wir uns nun wieder unserem Blatt und den beiden Fragen zu. Wenn Ihr Partner mit "Ein Karo" eröffnet, wissen Sie, daß er mindestens dreizehn Punkte hat. Da Sie selbst vierzehn haben, wissen Sie zudem, daß Ihre Linie die Karten zur Manche besitzt, und Sie können Frage 2 beantworten. Frage 1 bleibt zunächst offen, denn Ihnen gefällt das Karo-Gebot Ihres Partners nicht. Darum informieren Sie ihn über

Ihre Herz. Zu Ihrer Freude unterstützt er Sie, und Frage 1 ist damit ebenfalls beantwortet. Welche Farbe? Herz. Wie hoch? Manche. Also lautet Ihre nächste Ansage "Vier Herz".

Ändern wir das Problem ein wenig: gleiches Blatt, gleiche Eröffnung, gleiche Antwort ("Ein Herz"). Diesmal unterstützt aber der Partner Ihre Herz nicht und erhöht auf "Ein Pik". Pik ist Ihnen recht (Sie haben ja vier davon), und Sie rechnen ohnehin mit der Manche. Die Lösung? Sie sagen "Vier Pik" an.

Eine weitere Variante: Sie bieten "Ein Herz", Ihr Partner antwortet "Zwei Treff". Was nun? Sie können ihn nicht unterstützen, weil Sie nur drei Treff haben, und Sie mögen seine Karo nicht. Er scheint Ihre Herz nicht zu schätzen, und er hat die Chance, "Ein Pik" anzusagen, nicht wahrgenommen. Dennoch beabsichtigen Sie, das Spiel zu gewinnen. Es gibt zwei mögliche Antworten: Sie können "3 SA" sagen, da alle vier Farben auf jeden Fall zwischen Ihnen und dem Partner gut verteilt sind und Sie auch die 13-15 Punkte haben, die Ihre Ansage zeigt. Oder Sie können "Zwei Pik" ansagen. Sehen Sie den Unterschied zwischen diesen beiden Ansagen? Wenn Sie "3 SA" ansagen oder den Partner unterstützen – sei es auf Stufe 1, sei es auf Stufe 2 –, müssen Sie bis zum *Limit* Ihres Blattes bieten. Wenn Sie jedoch eine neue Farbe lizitieren, halten Sie die Suppe am Kochen, und es besteht kein Grund für eine Hebung, weil der Partner nicht passen wird.

Übrigens bin ich sicher, daß Sie sich fragen, wie Sie antworten sollen, wenn Sie sechzehn oder mehr Punkte haben. Alle Limitansagen scheinen ja bei fünfzehn Punkten aufzuhören. Dies ist die Ausnahme von der Regel, nicht in eine neue Farbe zu springen.

Mit dem Blatt

♠K 3
♥A K B 8 5
♦A D 7
♣B 8 2

würden Sie "Zwei Herz" nach "Ein Treff" bieten bzw. "Drei Herz" nach "Ein Pik" – in beiden Fällen eins mehr als nötig. Das verpflichtet Ihre Linie zur Manche. Jetzt hat keiner von Ihnen mehr die Möglichkeit, auf die Bremse zu treten!

# KAPITEL 8

## MEHR DARÜBER, WIE MAN STICHE GEWINNT

Bisher haben wir zwei verschiedene Methoden erörtert, Stiche mit Karten zu gewinnen, die keine eindeutigen Gewinner sind. Um Ihr Gedächtnis aufzufrischen – wir hatten beispielsweise in einer Farbe:

K D B
4 3 2

Hier können Sie erst einmal gar nichts unternehmen, da einer der Gegner das As hält. Aber es ist nicht schwierig, sich zwei Stiche zu sichern. Sie spielen ganz einfach die betreffende Farbe, und nachdem die andere Linie mit ihrem As gewonnen hat, bleiben Ihnen noch zwei Stiche, die Sie machen können, wann es Ihnen gefällt.

Danach haben wir besprochen, wie man Stiche mit niedrigen Karten macht. Das funktioniert nur, wenn Ihre Linie in einer Farbe mehr Karten besitzt als die Gegenseite, und selbst dann ist nicht sicher, ob es gelingt. Wir haben uns einfache Beispiele wie das folgende angesehen:

A K D 2
5 4 3

Erinnern Sie sich, wie die Lösung aussah? Ihre Linie hält sieben Karten in der Farbe, die Gegner haben nur sechs. Wenn Sie Glück haben, sind die fehlenden sechs Karten im Verhältnis 3:3 verteilt. Dann und nur dann gelingt Ihnen ein zusätzlicher Stich.

Nun aber etwas Neues. Überlegen Sie, wie Sie die folgenden Karten in einer beliebigen Farbe spielen:

A D
3 2

Sie haben einen klaren Gewinner, nämlich das As. Wie aber sichern Sie sich einen zweiten Stich mit der Dame? Sie haben keine Ahnung, ob Ost oder West den fehlenden König hält. Versuchen Sie zunächst, das As des Nord-Blattes auszuspielen. Ist das richtig? Wohl kaum. Denn einerlei, welcher Gegner den König hat – er wird wohl nicht so nett sein, ihn Ihrem As zu opfern. Es ist ebensowenig hilfreich, wenn Sie die Dame ausspielen. Derjenige, der den König besitzt, wird damit Ihre Dame nehmen, und wieder bleibt Ihnen nur der eine Stich.

Wenn das Nord-Blatt nichts nützt, wie wäre es, wenn Sie eine niedrige Karte aus dem Süd-Blatt spielen würden? Sie haben dabei folgenden Hintergedanken: Wenn West nach Ihnen irgendeine Karte außer dem König spielt, versuchen Sie es mit der Dame aus dem Nord-Blatt. Das nennt man *schneiden* oder *impassieren.* Whistspieler praktizieren das Schneiden bzw. den Impaß seit Hunderten von Jahren. Es ist also keine neue Idee des Bridge. Manchmal klappt es und verschafft Ihnen einen zusätzlichen Stich, und manchmal geht es schief. Alles hängt davon ab, wer den fehlenden König hält!

Probieren Sie es aus. Zunächst mit dem König dort, wo Sie ihn haben wollen (bei West), dann mit dem König bei Ost, wo er Ihnen nichts nützt:

| a) | | | b) | | |
|---|---|---|---|---|---|
| | A D | | | A D | |
| K 6 | | 5 4 | 5 4 | | K 6 |
| | 3 2 | | | 3 2 | |

Es gibt noch ein Wort, das Bridgespieler vom Whist übernommen haben: *Gabel*. Damit ist eine Kartenfolge wie As-Dame gemeint. Mir gefällt die "irische" Definition der Gabel: eine Folge von drei benachbarten Karten, aus der die mittlere entfernt wurde.

Wenn Sie in einem Blatt eine Gabel haben, können Sie schneiden, indem Sie eine kleine Karte zur Gabel spielen und, wenn der Gegner dann niedrig bleibt, die niedrigere Karte der Gabel spielen. Manchmal haben Sie damit Erfolg, manchmal nicht. Es ist eine 50%-Chance auf einen zusätzlichen Stich.

Versuchen Sie sich an einigen anderen Beispielen. Gehen wir von folgender Situation aus:

4 3 2
A K B

Wie viele Stiche rechnen Sie sich aus? Zwei sind Ihnen mit dem As und mit dem König sicher. Gut – aber wie sind Ihre Aussichten auf einen dritten Stich? Wenn Sie einfach As und König ausspielen, ist es sehr unwahrscheinlich, daß die Dame fällt. Versuchen Sie es stattdessen mit der neuen Taktik, der Gabel. Hier müssen Sie aus dem Nord-Blatt zur Gabel im Süd-Blatt spielen. Legt Ost die Dame, sind Ihre Sorgen vorbei. Wahrscheinlicher ist es jedoch, daß er niedrig spielt, einerlei, ob er die Dame besitzt oder nicht. Das eröffnet Ihnen die Möglichkeit, mit dem Buben zu schneiden. Es ist immer dieselbe Geschichte: Die Chancen stehen 50:50. Aber der Ver-

such kostet nichts, und wenn Sie Glück haben, landen Sie einen zusätzlichen Stich.
Sehen Sie sich jetzt ein anderes Beispiel an:

A D B
4 3 2

Zwei Stiche sind ihnen sicher, denn nachdem Ihre Dame gegen den König verloren hat, ist der Bube gut für einen sicheren zweiten Stich. Doch Sie können noch mehr erreichen! Sorgen Sie mit einer anderen Farbe dafür, daß Süd ausspielt. Spielen Sie klein, und schneiden Sie mit dem Buben. Vielleicht verliert Ihr Bube gegen den König – aber dann stehen Sie nicht etwa schlechter da: Sie haben immer noch die beiden Stiche, mit denen Sie begonnen haben. Wenn Sie jedoch Glück haben, gewinnt Ihr Impaß! Was spielen Sie anschließend aus? (Ich möchte Sie im voraus warnen: Dies ist eine Fangfrage!) Denken Sie daran, daß Nord ausspielt. Das As? Nein, West wird seinen König nicht wegwerfen. Die Dame? Nein, das wäre ebenfalls sinnlos, weil der Gegner einfach seinen König einsetzen würde. Die Lösung lautet: Sorgen Sie mit einer anderen Farbe dafür, daß Süd ausspielt, und versuchen Sie dann wieder zu schneiden. Wenn West – wie Sie hoffen – den fehlenden König hält und Ost nicht raffiniert spielt, machen Sie jetzt drei Stiche in der gegebenen Farbe. Das wird *zweifaches Schneiden* genannt, denn Sie verwenden dieselbe Taktik zweimal in derselben Farbe. Es ist nicht allzu schwierig, sich einen dreifachen Impaß vorzustellen:

A D B 10
4 3 2

Jetzt wissen Sie, wie der Hase läuft. Verschaffen Sie Süd das Ausspiel, spielen Sie klein aus, und schneiden Sie mit der Zehn. Verschaffen Sie Süd erneut das Ausspiel mit einer anderen Farbe, spielen Sie klein aus, und schneiden Sie mit dem Buben. Wenn alles nach Plan verläuft, lassen Sie Süd zum dritten Mal klein ausspielen, und schneiden Sie jetzt mit der Dame. Vier Stiche! Jedenfalls dann, wenn West den fehlenden König hält und Sie Süd problemlos dreimal das Ausspiel verschaffen können.

Die Moral von der Geschicht': Wenn Sie West sind und das Pech haben, den König zu halten (und nicht Ihr Partner), hat es keinen Sinn, ihn zu spielen, bevor es wirklich nötig ist. Erstens kann es sein, daß der Alleinspieler dieses Kapitel über das Schneiden nicht gelesen hat und nicht weiß, wie er von dem gut plazierten König profitieren kann. Zweitens ist es möglich, daß er zwar alles über den Impaß weiß, aber es einfach nicht schafft, Süd oft genug ausspielen zu lassen, um Ihnen den König abzunehmen.

Denken Sie jetzt über das folgende, ein wenig schwierigere Beispiel nach:

A D 10
4 3 2

Hier hat Ihre Linie nur einen sicheren Stich, denn die Dame kann gegen den König verlieren und dann die Zehn gegen den Buben. Um das Beste daraus zu machen, spielen Sie klein von Süd gegen A D 10, und dann versuchen Sie es (wenn sich nichts Besonderes ereignet) mit der Zehn. Einerlei, was danach geschieht: Sobald Süd wieder mit dem Ausspiel an der Reihe ist, spielen Sie klein aus, um dann mit der Dame zu schneiden.

Ihnen fehlen zwei wichtige Karten: König und Bube. Aber sie haben keine Ahnung, ob Ost oder West sie besitzen. Es gibt vier Möglichkeiten:

| | West | | | Ost | | |
|---|---|---|---|---|---|---|
| 1) | K | B | x | x | x | x |
| 2) | K | x | x | B | x | x |
| 3) | B | x | x | K | x | x |
| 4) | x | x | x | K | B | x |

Wenn Sie das vorgeschlagene Spiel ausprobieren, werden Sie feststellen, daß sie bei 1) 3 Stiche, bei 2) und 3) zwei Stiche und bei 4) – reserviert für Freitag, den dreizehnten – nur einen Stich machen. Sie können sich damit aufmuntern, daß Sie nichts besser machen können, wenn Fall 4) gegeben ist, unabhängig davon, wie Sie spielen. Aber das ist nur ein schwacher Trost!
Eine ganz ähnliche Situation:

A B 10
4 3 2

Jetzt, da Sie die zugrunde liegende Idee verstanden haben, dürften Sie recht schnell die beste Spieltaktik herausfinden. Spielen sie vom Süd-Blatt klein aus, und versuchen Sie es dann mit der Zehn (oder mit dem Buben) von Nord. Sehr wahrscheinlich wird diese Karte verlieren – jedenfalls in drei von vier Fällen –; doch sobald Sie wieder von Süd ausspielen können, schneiden Sie erneut. Wenn Sie alles überdenken, können Sie abschätzen, wie Ihre Chancen insgesamt aussehen. Nur wenn Ost sowohl den König als auch die Dame hält, werden Sie daran scheitern, zwei Stiche zu machen. Beachten Sie, daß Sie in der gegebenen Farbe niemals *drei* Stiche machen können, denn Ihre Gegner halten schließlich den König und die Dame. Also ist es unvermeidlich, daß ihnen mindestens ein Stich gelingt.

Die wohl einfachste Impaßposition ist:

K 2
4 3

Eines ist gewiß: Wenn Sie eine niedrige Karte aus dem Nord-Blatt ausspielen, wird kein Ost-Spieler so freundlich sein, Ihnen das As hinzuwerfen. Er wird den Stich einfach mit einer mittelstarken Karte machen, und derjenige, der das As hält, wird sich dieses aufheben, bis Sie selbst den König einsetzen. Und es nützt natürlich auch nichts, den König auszuspielen.

Es ist wieder dieselbe alte Geschichte: Sorgen Sie dafür, daß Süd ausspielt, und spielen Sie dann eine kleine Karte gegen den König. Werden Sie einen Stich machen? Nicht immer. Aber wenn West das fehlende As hält, machen Sie ihn entweder in dieser Runde oder später.

Ganz ähnlich verhält es sich mit dem folgenden Blatt:

K D 4
5 3 2

"Rohe Kraft" allein verschafft Ihnen einen Stich. Sie können den König ausspielen, gegen das As verlieren und später den Stich mit der Dame holen. Gut – aber Sie haben die Chance, noch mehr zu erreichen. Lassen Sie Süd ausspielen, und spielen Sie eine niedrige Karte gegen die Honneurs im Nord-Blatt. In 50% aller Fälle hält West das fehlende As. Was kann er tun? Das As legen? Da wäre schön für Sie, weil Sie dann mit König und Dame zwei leichte Stiche hätten. Spielt West aber klein, müssen Sie schon ein bißchen härter arbeiten. Nachdem der König oder die Dame aus dem Nord-Blatt gestochen hat, müssen Sie dafür sorgen, daß Süd wieder ausspielt, so daß Sie dieselbe Show noch einmal abziehen können. Wieder gilt: Wenn West das As hat, steckt er in Schwierigkeiten. Spielt er es, sticht Nords andere hohe Karte später; spielt er klein, sticht sie gleich.

Ist Ihnen nun klar, worin das Geheimnis derartiger Blätter liegt? Es ist nicht schwer zu erklären: Wenn Sie im einen Blatt nichts Besonderes und im anderen ein paar hohe Karten haben, ist es besser, wenn Sie von "nichts" zu "etwas" spielen. Auf diese Weise bringen Sie einen Gegner dazu, eine Karte zu spielen, bevor Sie selbst entscheiden müssen, was Sie aus Ihrem "Etwas" spielen. Derselben Idee sind Sie schon am Anfang dieses Kapitels begegnet, erinnern Sie sich? Die typische Impaßsituation liegt dann vor, wenn As und Dame auf "nicht sehr viel" herabsehen. Ihre einzige Chance, zwei Stiche zu machen, besteht darin, von "nichts" zu "etwas" auszuspielen.

Natürlich können Sie diesen Grundsatz auch zu weit treiben. Ich werde nie den Schüler vergessen, der vor folgendem Blatt saß:

A K D B
5 4 3 2

Es war ein Sans Atout-Kontrakt, und der Bridge-Neuling verschaffte seinem eigenen Blatt (Süd) mit Bedacht das Ausspiel. Es war keine große Überraschung, als der Bube gewann. Dann sorgte er energisch dafür, daß Süd wieder ausspielte, bevor er zur Dame spielte. In diesem Stadium gelang es mir, ihn zu bremsen. Er war tief beleidigt. "Das haben Sie uns doch eben erzählt!" beklagte er sich. "Von nichts zu etwas ausspielen."

Ich fürchte, er hatte nicht ganz verstanden, worum es geht. Wenn Ihr "Etwas" so gut wie A K D B ist, braucht man diesem "Etwas" nicht zu helfen – es kann sich selbst helfen, und Sie können einfach alles abspielen – ohne besonderes Risiko. Nur wenn im "Etwas" eine oder zwei wichtige Karten fehlen, müssen Sie sich darum kümmern und ihm entgegenspielen.

Es gibt noch eine Kombination, die an dieser Stelle eine Betrachtung wert ist:

A 3 2
D B 10

Sofort fällt auf, daß es sich nicht um eine Gabelposition handelt. Trotzdem ist ein Impaß möglich. Sie haben zwei Stiche sicher, denn Sie können nur einmal verlieren (gegen den König). Aber Sie können auch drei Stiche machen, sofern der fehlende König für Sie günstig plaziert ist. Nach allem, was Sie bisher gelernt haben, sollte es Ihnen nicht schwerfallen, die richtige Strategie zu wählen: Sorgen Sie erst dafür, daß Süd ausspielt. Spielen Sie dann die Dame aus, und lassen Sie sie gewinnen (sofern West nicht den König spielt, was Ihre Probleme ohnehin lösen würde). Immer wenn West den König hält, machen Sie drei Stiche. Wenn der König am falschen Ort ist (nämlich bei Ost), müssen Sie sich allerdings mit zwei Stichen begnügen.

Interessant ist auch eine ähnliche Situation:

A 3 2
D 5 4

Sie haben einen sicheren Stich mit dem As, und Sie hoffen, einen weiteren mit der Dame zu gewinnen – aber mehr ist kaum möglich. Wie also gehen Sie vor? Die vorige Empfehlung (die Dame auszuspielen) nützt hier nichts. Denn wenn Ost den König hat, gewinnt er den Stich und läßt Ihnen nur noch das As. Und wenn West im Besitz des Königs ist, nimmt er Ihnen damit die Dame ab. Ja, er muß seinen König opfern – doch wenn Sie sowohl das As als auch die Dame hergeben müssen, um einen Stich zu machen, bleibt Ihnen nicht mehr viel übrig! Das ist eher eine Entwicklung von "nichts" zu "etwas". Vergessen Sie das As – es ist immer für einen Stich gut. Machen Sie diesen, wenn Sie wollen, und denken Sie dann über Ihre Dame nach. Die einzige Möglichkeit, sie zu nutzen, besteht darin, daß Sie *zu ihr hin* ausspielen. Wenn Sie die Farbe so spielen, machen Sie zwei Stiche, sofern der König aus Ihrer Sicht richtig plaziert ist (also bei Ost), aber nur einen Stich, wenn er in falschen Händen ist. Die alte 50%-Regel gilt für jegliches Schneiden, für das sie sich entscheiden.

Über ein letztes Problem sollten wir uns noch Gedanken machen. Angenommen, Sie haben folgende Situation:

A B 2
K 10 3

Zwei leichte Stiche mit As und König – aber können Sie mehr daraus machen? Ja, wenn Sie erraten, wer die fehlende Dame hält. Wenn Sie glauben, sie sei bei West, lassen Sie Süd ausspielen und schneiden Sie mit dem Buben. Wenn Sie Ost für den Besitzer der Dame halten, spielen Sie niedrig vom Nord-Blatt aus und schneiden Sie mit der Zehn. Sie können also immer drei Stiche machen, vorausgesetzt, Sie raten richtig.

Aber ist es wirklich ein reines Ratespiel? Denken Sie nach ... Angenommen, ein Gegner hat selbst zweimal gereizt, während sein Partner in düsterem Schweigen verharrte. Wer hält Ihrer Meinung nach am ehesten die fehlende Dame? Manchmal können Sie sogar noch sicherer sein. Vielleicht eröffnet Ost mit "1 SA" (und zeigt damit 13-15 Punkte). Trotzdem werden Sie als Süd Alleinspieler, und ein Blick auf den Tisch offenbart Ihnen, daß Ihre Linie über 26 Punkte verfügt. Das gesamte Kartenspiel hat 40 Punkte – wer hat also die fehlende Dame? Bravo, ich wußte, Sie kommen dahinter ...

# KAPITEL 9

## DIE AUSWAHL EINER WIEDERANSAGE

Die Wiederansage oder *Rebid* ist ein weiteres Thema, über das Sie gründlich nachdenken müssen. Es lohnt sich, genau zu verstehen, worum es sich handelt. Wir erörtern folgende Situation: Ein Spieler eröffnet auf Einerhöhe, sein Partner antwortet in einer neuen Farbe, und jetzt soll der Eröffner *wieder ansagen*. Das hat seinen Sinn, denn der Eröffner (dessen Blatt mindestens 13 Punkte wert ist) weiß nicht, wie stark sein Partner ist. Gewiß hat er wenigstens 6 Punkte (andernfalls hätte er passen müssen). Doch es kann sein, daß sein Blatt noch stärker ist und daß die Linie trotz einer schwachen Eröffnung über die 26 Punkte verfügt, die sie für ein Spiel benötigt.

Da passen nicht akzeptabel ist, bleiben Ihnen als Rebid vier Möglichkeiten. Sie können

1. die Farbe des Partners unterstützen,
2. "Sans Atout" ansagen,
3. Ihre eigene Farbe wiederholen,
4. eine zweite Farbe ansagen.

Denken Sie darüber nach, und Sie werden sehen, daß es tatsächlich keine anderen Möglichkeiten gibt. Allerdings können Sie alle vier Ansagen auf verschiedenen Stufen machen. Wir wollen sie uns der Reihe nach ansehen.

Schon vertraut ist Ihnen die Unterstützung der Partnerfarbe. Wenn die Ansage des Partners nicht mehr als vier Karten in seiner Farbe verspricht, unterstützen Sie ihn nur, wenn Sie vier oder mehr Karten in seiner Farbe halten. Hin und wieder können Sie von dieser Regel abweichen, aber nur zurückhaltend und in Notfällen. Behalten wir diesen Grundsatz im Auge, und sehen wir uns einige Blätter an. Angenommen, Sie beginnen mit:

♠8 2
♥K B 7 2
♦K 4
♣A D 6 4 3

Ganz recht, Sie eröffnen mit "Ein Treff" (mit Ihrer längsten Farbe), und Sie sind erfreut, wenn Ihr Partner mit "Ein Herz" antwortet, da Sie vier Karten in dieser Farbe haben. Es ist vernünftig, seine Herz zu unterstützen, aber gleichzeitig möchten Sie ihm zu verstehen geben, daß Sie mit 13 oder weniger Punkten nur eine minimale Eröffnung haben. Darum genügt eine einfache Hebung in Herz – werden Sie nur nicht überschwenglich, bloß weil Ihnen diese Farbe gefällt! Ihre Wiederansage lautet also "Zwei Herz", und es läßt darauf schließen, daß Sie Ihre Eröffnung auf der Basis von 13-15 Punkten gemacht haben.

Es ist angemessen, eine Eröffnung auf Einerhöhe folgendermaßen zu bewerten: schwach bei 13-15 Punkten, mittlere Stärke bei 16-18 Punkten, stark bei 19-20 Punkten. Wenn Sie mit mehr als 20 Punkten beginnen, fällt Ihnen bestimmt eine aufregendere Eröffung als auf Einerhöhe ein (dieser Genuß steht Ihnen noch bevor!).

Nehmen wir an, Ihre Eröffnung war ein wenig besser:

♠A 2
♥K B 7 2
♦K 4
♣A D 6 4 3

Jetzt stehen Sie sogar einen Stich besser da – Dank des As. Sie eröffnen zwar ebenfalls mit “Ein Treff”. Wenn aber Ihr Partner mit “Ein Herz” antwortet, lautet Ihre Antwort “Drei Herz”. “Ein Treff” – “Ein Herz” – “Drei Herz”, das hört sich ziemlich ermutigend an, nicht wahr? Aber es *forciert* Ihren Partner, weiterzureizen. Sie teilen ihm auf diese Weise mit, daß Sie mit seinen Herz einverstanden sind (weil Sie mindestens vier Karten in dieser Farbe haben), obwohl Treff Ihre erste Ansage war, und daß Ihre Eröffnung mit 16-18 Punkten im mittleren Bereich lag. Wenn Ihr Partner für seine “Ein Herz”-Antwort mühsam sechs Punkte zusammengekratzt hat, steht es ihm frei, Ihre Einladung zur Manche abzulehnen und zu passen. Hat er jedoch keinen Grund zur Zurückhaltung, wird er mit Vergnügen “Vier Herz” bieten, zur Manche.
Polieren wir das Blatt noch ein wenig auf:

♠A 2
♥K B 7 2
♦A B
♣A D 6 4 3

Jetzt haben Sie 19 Punkte und eine Fünferlänge vor sich. Sie eröffnen immer noch mit “Ein Treff”. Sobald Sie jedoch von Ihrem Partner nur einen Pieps hören, wollen Sie im Spiel bleiben. Sie wissen nämlich, daß er mindestens sechs Punkte hat. Hier ist die Entscheidung leicht: Er mag Herz, Sie mögen Herz, und Ihre Linie hat genügend Punkte, um hoch zu reizen.

Es ist ganz einfach: Ihr Rebid lautet “Vier Herz”, und Sie deuten damit an, daß Ihre Eröffnung 19 oder 20 Punkte wert war.

Drehen wir jetzt den Spieß um. Sie sind von der Farbe Ihres Partners gar nicht begeistert, aber Sie haben ein ziemlich ausgeglichenes Blatt:

♠A B 8
♥8 2
♦A K 9 3
♣D 10 8 4

Vielleicht zögern Sie, mit “1 SA” zu eröffnen, da Sie nur zwei kleine Herz besitzen. Nachdem Sie aber mit “Ein Karo” eröffnet haben und Ihr Partner darauf mit “Ein Herz” antwortet, scheint die Wiederansage “1 SA” weitaus realitätsgerechter zu sein (sofern Sie auf Einerhöhe bleiben), als sich auf “Zwei Treff” und eine Hebung einzulassen. Die Eröffnung war schließlich nichts Besonderes. Das Blatt erreicht gerade noch den erforderlichen Mindestzählwert (13-15 Punkte) für eine Eröffnung.

Jetzt verbessern wir Ihr Blatt um weitere drei Punkte:

♠A B 8
♥K 2
♦A K 9 3
♣D 10 8 4

Sie eröffnen mit “Ein Karo”, der Partner antwortet mit “Ein Herz”, und Ihr Rebid lautet “2 SA”. Ihr Blatt ist ausgeglichen und mit seinen 16-18 Punkten für Sans Atout geeignet. Ebensowenig handelt es sich beim Überspringen von “Ein Herz” auf “Drei Herz” um ein Forcieren. Wenn der Partner seine “Ein Herz”-Antwort auf kümmerliche sechs Punkte stützte

und mit Ihrem Vorschlag, Sans Atout zu spielen, einverstanden ist, steht es ihm frei zu passen. Letztlich teilen Sie Ihrem Partner nur mit, was Sie haben, und sobald er das weiß, überlegt er sich, ob Ihre Linie über die magischen 26 Punkte verfügt, die Sie benötigen, um den Kontrakt zu erfüllen.
Nehmen wir an, Ihr Blatt sei nochmals etwas besser:

♠A B 8
♥K 2
♦A K 9 3
♣A 10 8 4

Jetzt sollten Sie die Taktik verstanden haben. Sie eröffnen mit "Ein Karo", und wenn Ihr Partner antwortet, bieten Sie "Drei SA". Ihre Botschaft lautet: "Ich habe eine ausgeglichene Hand mit 19-20 Punkten." Hier gehen Sie ganz genauso vor wie beim Unterstützen der Farbe des Partners: Je besser Ihr Blatt ist, desto höher reizen Sie. Alle sechs Wiederansagen, die wir uns bisher angesehen haben, sind Limitansagen (wir haben sie schon weiter oben kennengelernt), die dem Partner mitteilen, wie stark Ihr Blatt ist, und die ihn einladen, weiterzureizen und das Spiel zu machen – allerdings nur, wenn er abschätzen kann, daß Ihre Linie über 26 Punkte verfügt. Eine altbekannte Sache also: Er weiß, was Sie haben, und er sollte imstande sein, zu sehen, was er selbst hat!

Gehen wir weiter zur dritten Möglichkeit auf unser Liste: dem Wiederansagen der eigenen Farbe. Zuallererst sollten Sie wissen, daß ein möglichst schwaches Rebid in der eigenen Farbe so ziemlich das Deprimierendste ist, was es gibt. "Ein Herz" – "Ein Pik" – "Zwei Herz" zeigt beispielsweise ganz deutlich, daß Sie den Partner nicht unterstützen können, daß Sie nicht Sans Atout spielen können und daß Sie keine andere

Farbe haben, die Sie problemlos spielen können. Jeder eröffnet gerne mit folgendem Blatt:

♠8 4
♥K B 10 8 6 2
♦A 6
♣K 6 4

Es hat zwar nur elf Punkte, aber immerhin eine Sechserlänge, um die Lage zu verbessern. Allerdings dürfen Sie es nicht wagen, mit einem Blatt wie diesem zu eröffnen, ohne zu wissen, wie Sie die Bremse treten können. Die Wiederansage "Zwei Herz" deutet genau auf ein derartiges Blatt hin: So ziemlich die einzige neue Information, die sie Ihrem Partner liefert, ist der Hinweis, daß Sie mindestens fünf Karten in der angesagten Farbe haben. Mit der Eröffnung haben Sie vier Karten versprochen, mit der Wiederholung dann eine lange Farbe. Das Rebid auf Stufe 2 zeigt, daß Ihre Eröffnung 13-15 Punkte wert war.

Sie können zwar die Ansage in Ihrer eigenen Farbe heben. Es wird Sie aber nicht überraschen, wenn ich Ihnen sage, daß Sie hier zurückhaltend sein müssen. Überlegen Sie: Wie viele Herz verspricht der Partner mit der Ansage "Ein Pik" nach "Ein Herz"? Lesen Sie die Frage genau! Richtig – er verspricht überhaupt keine Herz. Bevor Sie also an eine Hebung in Ihrer Farbe denken, müssen Sie eine sehr gute Farbe haben. Sie brauchen eine Länge in einer Farbe, die Sie ohne Zögern als Trumpf wählen würden, selbst wenn Ihr Partner nur eine oder keine Karte davon hat.

Betrachten Sie folgende Hand:

♠8 4
♥A K D 10 7 3
♦A 5
♣K 6 4

Hier eröffnen Sie mit "Ein Herz", hören vielleicht die Antwort "Ein Pik" und springen auf "Drei Herz". Ihre Botschaft lautet: "Ich habe eine gute Sechserlänge im Bereich von 16-18 Punkten (ein Blatt mittlerer Stärke)." Es ist nicht schwierig, sich ein Blatt vorzustellen, mit dem Sie "Ein Herz" eröffnen, um nach der Antwort des Partners den Sprung auf "Vier Herz" zu machen. Dazu brauchen Sie ein oder zwei zusätzliche Punkte, vielleicht eine weitere Karte in Ihrer langen Farbe oder vielleicht ein oder zwei vielversprechende hohe Karten in jener Farbe, die Ihr Partner bei seiner Antwort gewählt hat. Anders gesagt: Sie benötigen genau die paar Extrapunkte, die Ihr Blatt in den Bereich von 19 oder 20 Punkten (starkes Blatt) bringen.

Doch aufgepaßt! Könnte Ihr Problem darin bestehen, daß Sie womöglich glauben, Sie seien voll im Bilde? Mit anderen Worten: Wenn Sie eine neue Farbe bieten (vierter Punkt auf unserer Liste) – informieren Sie dann Ihren Partner genau darüber, wie stark Ihr Blatt ist? Leider nicht ganz! Erinnern Sie sich an unseren altbekannten Start? Sie eröffnen mit "Ein Herz", und der Partner antwortet mit "Ein Pik". Sie möchten jedermann über Ihre andere Farbe (vielleicht Treff) informieren, und Sie haben 19 Punkte. Sehen Sie den Haken? Wenn Sie als Rebid "Vier Treff" ansagen, verpflichten Sie Ihre Linie bereits, zehn Stiche zu machen. Und das, obwohl Sie noch keine Farbe gefunden haben, die Ihnen beiden zusagt. Schlimmer noch: Wenn es keine Farbe gibt, die Ihnen und Ihrem Partner gefällt, wäre der beste Kontrakt möglicherweise "3 SA" gewesen (also nur neun Stiche für die Manche). Es ist gut und schön, die Lizitation auf eine hohe Stufe zu treiben, solange Sie wissen, welche Farbe eine gute Trumpffarbe ist. Aber die Sache sieht ganz anders aus, wenn Sie eine wiederansage mit einer ganz neuen Farbe machen. Einem ganz ähnlichen Problem stehen Sie gegenüber, wenn Sie nach der Eröffnung des Partners mit einer neuen Farbe antworten. Keine Panik! Sehen wir uns drei Blätter an:

| a) | b) | c) |
|---|---|---|
| ♠8 4 | ♠8 4 | ♠D 4 |
| ♥A K 10 7 3 | ♥A K 10 7 3 | ♥A K 10 7 3 |
| ♦K D 8 3 | ♦K D 8 3 | ♦K D 8 3 |
| ♣B 2 | ♣A 2 | ♣A 2 |

Ihre Taktik ist jedesmal dieselbe: Sie eröffnen mit "Ein Herz", und wenn Ihr Partner mit "Ein Pik" antwortet, sagen Sie ruhig "Zwei Karo". Der Partner paßt nur, wenn ihm Ihre Karo lieber sind als Ihre Herz und er ein wirklich sehr schwaches Blatt hat. Es lohnt sich, daran zu denken, daß der Antwortende – selbst wenn er ein schwaches Blatt hat – seinen Partner immer auf die *zuerst* angesagte Farbe zurückverweisen sollte, sofern er in beiden Farben des Partners gleich viele Karten besitzt. Betrachten wir folgende Blätter aus der Sicht des Antwortenden:

| a) | b) |
|---|---|
| ♠A B 6 5 3 | ♠A B 6 5 3 |
| ♥2 | ♥8 3 2 |
| ♦B 9 5 4 | ♦B 9 5 |
| ♣8 7 6 | ♣8 7 |

Bei a) sollten Sie nach "Zwei Karo" passen und das Beste erhoffen. Bei b) lassen Sie den Partner am besten nicht da, wo er ist, sondern bringen ihn auf "Zwei Herz" zurück. Es kann sein, daß er mehr Herz als Karo hat; aber er hat sicher nicht mehr Karo als Herz, da er ja mit "Ein Herz" *eröffnet* hat.

Die letzte Möglichkeit bei der Wiederansage ist der Sprung in einer neuen Farbe. Dies ist das dynamischste Rebid von allen. Damit zeigen Sie an, daß Sie 19 oder 20 Punkte haben (genug für das Spiel, selbst wenn der Partner die Punkte für seine Antwort nur mühsam zusammenkratzen konnte). Unklar ist allerdings noch, an welchem Kontrakt Sie sich versuchen möchten. Sie sind noch nicht davon überzeugt, daß es eine gute Idee sei, in der Farbe Ihres Partners zu spielen, denn Sie haben keine vier Karten zur Unterstützung. Ihr Blatt ist für Sans Atout nicht geeignet, und Ihre eigene Farbe ist auf Hilfe angewiesen.

Das Problem sieht so aus:

♠A B 4
♥A K 8 7 6
♦A K 4 3
♣3

Sie sind nicht stark genug, um etwas anderes zu tun, als mit "Ein Herz" zu eröffnen. Sobald Sie eine Antwort gehört haben – zum Beispiel "Ein Pik" –, sollte Sie nichts am Weiterreizen hindern. Leider sind Sie ganz und gar nicht sicher, wie. Es wäre töricht, sich auf "Vier Pik" einzulassen und dann festzustellen, daß der Partner nur eine schwache Farbe mit vier Karten hat. Ein Rebid "3 SA" ist nicht möglich, weil Sie kein ausgeglichenes Blatt haben und, was noch schlimmer ist, weil die Pikfarbe Angriffen hilflos ausgesetzt sein könnte.

Schließlich kann sich auch ein Sprung auf "Vier Herz" als ziemlich ungeschickt erweisen, wenn der Partner in dieser Farbe Chicane ist oder nur einen Singleton besitzt.

Vielleicht haben Sie die Lösung Ihres Problems aber schon gefunden: Sie machen den Sprung in einer neuen Farbe. Wie Sie an diesem Beispiel sehen, ist Karo Ihre zweite Farbe, und die Lizitation wird so aussehen: "Ein Herz" – "Ein Pik" – "Drei Karo" ("Zwei Karo" wäre bereits eine ausreichende Antwort gewesen). Damit übermitteln Sie Ihrem Partner die Botschaft, daß Sie die Werte haben, um ein Spiel zu machen, daß Sie noch nicht wissen, welchen Kontrakt Sie eingehen sollen und daß Sie mehr von ihm hören möchten. Ihm bleiben mehrere Möglichkeiten offen, aber *er kann nicht passen.* Er kann Karo unterstützen, wenn "Fünf Karo" sich als der beste Kontrakt herausstellen sollte. Er kann "3 SA" bieten, sofern er gut mit Treff bestückt ist. Er kann wieder Pik ansagen (und damit mindestens fünf Karten in dieser Farbe signalisieren), wenn Sie mit gutem Gewissen auf "Vier Pik" springen können. Schließlich kann er noch "Drei Herz" ansagen. Wie viele Herz trauen Sie ihm dann zu? Nur drei! Denn wenn er mit vier oder mehr Karten in Ihrer ersten Farbe angefangen hätte, hätte er die Dinge mit Pik kompliziert, nachdem Sie mit "Ein Herz" eröffnet haben. Schließlich können Sie nur eine einzige Farbe zum Trumpf machen, und wenn Sie eine gefunden haben, die Ihnen beiden zusagt – eine Edelfarbe zumal –, dann gibt es nichts, was Sie noch besser machen könnten.

# KAPITEL 10

## TRÜMPFE UND WIE MAN SIE NUTZT

Trümpfe sind unberechenbar. Trumpfkarten sind starke Karten, aber manchmal eben doch nicht so stark, wie wir es erwarten. Ihre Aufgabe ist es, dem Spieler zusätzliche Stiche zu verschaffen.
Beginnen wir mit der folgenden Konstellation in Pik:

♠4 3 2

♠A K D B 10 9

Wie viele Stiche versprechen Sie sich davon? Das ist einfach, nicht wahr? Sie haben sechs Stiche, nicht mehr und nicht weniger.

Machen Sie die Farbe jetzt zur Trumpffarbe, und nehmen Sie an, daß Sie auch eine Karte in Herz besitzen:

♠4 3 2
♥4 3 2

♠A K D B 10 9
♥2

Die Gegner spielen Herz aus, und weil Sie den zweiten Stich nicht verlieren wollen, trumpfen Sie. Wie viele Stiche bringt Ihnen das ein? Einen haben Sie sicher, aber dann bleiben Ihnen nur noch fünf Gewinner. Dabei ist es ausgesprochen reizvoll, ein As oder einen König der Gegenseite mit einer niedrigen Trumpfkarte zu stechen (Abtrumpfen). Es ist so verführerisch, daß viele Anfänger versuchen, diese Tat zu wiederholen. Sie geben sich enorm Mühe, damit Nord ausspielen darf und sie wieder mit Herz stechen können. Aber haben sie damit etwas erreicht? Kaum. Sie haben nämlich zwei Stiche gemacht, und es bleiben ihnen nur noch vier. Das sind zusammen sechs Stiche – genau die Zahl, mit der sie begonnen haben! Noch schlimmer ist es, wenn Sie mit

♠4 3 2

♠A K D B 10

beginnen (mit nur fünf Stichen) und jetzt vom rechten Weg abweichen, um mit Süd zweimal zu trumpfen. Damit haben Sie nur sehr wenig erreicht (Sie haben immer noch insgesamt fünf Stiche), und Sie können in Schwierigkeiten geraten, wenn Sie versuchen, die Trümpfe der Gegenspieler zu ziehen. Denken Sie daran: Ihnen bleiben nur noch drei Trumpfkarten im Blatt, und einer der Gegner kann immer noch vier halten. Aber es ist eben so schwer, dem Reiz des Abtrumpfens zu widerstehen.

Gehen wir zurück zur ursprünglichen Farbe:

♠4 3 2

♠A K D B 10 9

Nehmen wir an, daß Sie die Chance hatten, mit einer Karte von *Nord* zu trumpfen. Sehen Sie, wie es geht? Angenommen, Sie haben so begonnen:

♠4 3 2
♥2

♠A K D B 10 9
♥5 4 3

Wieder ist Pik Trumpf. Wieder haben Sie sechs leichte Stiche, und wieder spielt die Gegenseite Herz aus. Sie trumpfen in der zweiten Runde vom Dummy. Dies ist ein zusätzlicher Stich, denn Sie haben immer noch Ihre sechs ursprünglichen Gewinner. Mit etwas Glück gelingt Ihnen dasselbe noch einmal: Sie sorgen dafür, daß Süd das letzte Herz ausspielen kann, und trumpfen. Ergebnis? Zwei zusätzliche Stiche, und Süd hat immer noch sechs Gewinnkarten.

Es sieht so aus, als sei es immer empfehlenswert, vom Tisch zu trumpfen. Aber Bridge ist ein seltsames Spiel. Man kann dabei nur selten "immer" oder "nie" sagen. Nehmen wir an, dies sei Ihre Trumpffarbe:

♥D B 7 6 5

♥A K 4 2

Wenn Sie nur auf die Stiche schauen, ist alles ganz einfach: Sie haben fünf Gewinnkarten, denn wenn Sie erst einmal As, König, Dame und Bube gespielt haben, bleiben den Gegnern keine Karten in dieser Farbe mehr übrig. Angenommen, Sie hätten aber die Chance, vom Dummy zu trumpfen. Das ist ein Stich – aber jetzt sind nur noch vier übrig, und Sie haben nichts gewonnen. Nehmen wir den umgekehrten Fall: Sie können von Ihrem eigenen Blatt trumpfen. Das bringt Ihnen einen Stich, und Ihrer Linie bleiben immer noch fünf. Anders gesagt: Sie haben einen zusätzlichen Stich, aber diesmal stechen Sie vom eigenen Blatt – offensichtlich entgegen allen Empfehlungen, die ich oben gegeben habe. Nein, nicht ganz – wir müssen den Sachverhalt erst klarstellen. Sie machen Stiche, wenn Sie von der kurzen Trumpfhand (dem Blatt mit weniger Karten) stechen. Plötzlich haben wir die Dinge auf den Kopf gestellt. Normalerweise ist der Strohmann (der Tisch) das kurze Trumpfblatt. In diesem Beispiel jedoch hat der Alleinspieler weniger Trümpfe. Vom Blatt des Alleinspielers zu trumpfen zahlt sich hier also aus, auch wenn es "gegen die Regel" zu sein scheint. Das gilt aber nur in etwa 10% aller Fälle. Gewöhnlich besitzt der Alleinspieler mindestens ebenso viele Trümpfe wie der Dummy.

Was wir bisher besprochen haben, hat sehr viel mit einem großen Problem zu tun, das sich Ihnen stellt, wenn Sie ein Blatt mit einer Trumpffarbe spielen: Sollen Sie dem Gegner so schnell wie möglich die Trümpfe abnehmen? Anders gesagt: Sollen Sie dafür sorgen, daß Sie mit Ihren hohen Trümpfen stechen, bevor die andere Linie Gelegenheit hat, Stiche mit ihren kleinen Karten zu machen? Es gibt eine alte Redensart aus der Zeit, als man noch Whist spielte: "Manch einer ruht in Frieden, weil er vergessen hat, die Trümpfe der Gegner zu ziehen." Aber auch das Gegenteil kann zutreffen. Kehren wir zu unserem "alten Freund" zurück:

♠4 3 2
♥5

♠A K D B 10
♥4 3 2

Fünf Stiche mit Pik sind Ihnen sicher. Nehmen wir aber an, Ihre Gegner sind nicht so nett, extra für Sie Herz auszuspielen. Vielleicht gewinnen Sie mit Karo oder Treff einen Stich, und wenn Sie dann Trümpfe ziehen, müssen Sie dies mindestens dreimal wiederholen. Dies hat eine unerwünschte Nebenwirkung: Alle Trümpfe des Strohmannes sind ebenfalls futsch! Wenn die Gegner also später ausspielen, sind sie imstande, drei Stiche mit Herz zu gewinnen. Doch Sie können etwas dagegen tun, indem Sie selbst Herz spielen, *bevor* Sie die Trümpfe der Gegner ziehen. Sie machen Ihre zwei Stiche vom Tisch (es sind zusätzliche Stiche, wie wir gesehen haben) und nehmen dem Gegner erst dann die Trümpfe ab. Nach so etwas sollten Sie immer Ausschau halten: eine kurze Nebenfarbe im Dummy und ein paar zusätzliche Trümpfe, die Sie ausnutzen können. Jeder bemerkt eine Chicane und nutzt sie meist voll aus. Die meisten Spieler halten auch einen Singleton für nützlich. Aber was ist mit einem Doubleton beim Strohmann? Er wird oft übersehen. Betrachten wir ein Farbenpaar wie das folgende:

♠4 3 2
♥6 5

♠A K D B 10
♥4 3 2

Einen Zusatzstich haben Sie – allerdings nicht, wenn Sie zuerst Trümpfe der Gegner ziehen. Wenn Sie diesen zusätzlichen Stich brauchen, müssen Sie zuerst auf zwei Stiche mit Herz verzichten.

Jetzt, da Sie (hoffentlich) eine klarere Vorstellung davon haben, wie man mit Trümpfen umgeht, wollen wir uns ein paar weiter Blätter ansehen und überlegen, wie wir sie spielen. Bevor wir anfangen, möchte ich Ihnen noch zwei Ratschläge geben.

1. Zählen Sie Ihre sicheren Stiche, oder versuchen Sie es wenigstens.
2. Fragen Sie sich, ob Sie ein Blatt haben, mit dem Sie Trümpfe ziehen sollten.

Nunmehr verfügen Sie zumindest über eine Art Plan, ehe Sie sich ins Spiel stürzen. Die wohl wichtigste Regel lautet: *Versuchen Sie nicht zu früh, den ersten Stich zu machen.* Wenn Sie "Fünf Karo" angesagt haben und elf Stiche brauchen, bekommen Sie keinen Preis dafür, daß Sie die ersten zehn Stiche schnell gewinnen und die restlichen drei langsam verlieren. Es ist viel besser, erst ein wenig nachzudenken – dann schaffen Sie vielleicht alle Stiche, die Sie benötigen.

Jetzt ist es aber Zeit, anhand einiger Blätter den Umgang mit Trümpfen zu erläutern. Beginnen wir hiermit:

♠6
♥7 5 3
♦B 8 5 3
♣A K D B 10

♠8 7 4
♥A K D B 10
♦K 6 2
♣7 4

Vernünftigerweise gehen Sie einen Kontrakt "Vier Herz" ein. Dagegen spielt West ein kleines Treff aus. Da Sie kaum eine andere Wahl haben, spielen Sie eine hohe Karte vom Tisch und gewinnen den Stich, wenn Ost die Farbe bedient. Sie brauchen 10 Stiche für Ihren Kontrakt – wie viele machen Sie, wenn Sie alle fehlenden Trümpfe ziehen? Richtig, die benötigten zehn Stiche mit fünf hohen Herz, gefolgt von den restlichen Gewinnern in Treff. Es sieht alles zu einfach aus, und darum spielen Sie genau so, damit auch ja nichts schiefgeht. Aber in dieses Beispiel ist natürlich eine kleine Falle eingebaut. Ist es nicht verlockend, sich an die Vorzüge des Trumpfens zu erinnern und dafür den Boden zu bereiten, indem Sie ein Pik opfern, sobald Sie ausspielen? Dann können Sie vielleicht mit einem oder gar mit zwei Pik vom Tisch stechen, danach Trümpfe ziehen und schließlich die verbleibenden Treff spielen.

O weh! Bei diesem Plan kann so Manches schiefgehen, und zwar deshalb, weil Sie Ihre sicheren Stiche nicht gezählt haben. Probieren Sie es aus: Spielen Sie zum zweiten Stich ein niedriges Pik. Eine mögliche Gefahr erkennen Sie, wenn die Karten wie folgt verteilt sind:

| | | |
|---|---|---|
| | ♠6<br>♥7 5 3<br>♦B 8 5 3<br>♣A K D B 10 | |
| ♠K B 10 3<br>♥9 6 4<br>♦A D 10 4<br>♣9 5 | N<br>W O<br>S | ♠A D 9 5 2<br>♥8 2<br>♦9 7<br>♣8 6 3 2 |
| | ♠8 7 4<br>♥A K D B 10<br>♦K 6 2<br>♣7 4 | |

Wenn Sie Pik ausspielen, gewinnt Ost mit seinem As und setzt sich mit Karo durch. Es ist ohne Bedeutung, wie Sie selbst reagieren – West gewinnt Stiche mit As und Dame und spielt ein drittes Karo aus, das Ost sticht. Das sind vier Stiche für die gegnerische Linie, und mit nur noch neun Karten haben Sie keine Möglichkeit mehr, zehn Stiche zu machen und Ihren Kontrakt zu erfüllen ...

Vielleicht denken Sie, ich hätte die Karten so ungünstig wie möglich unter Ost und West verteilt. Keineswegs! Ich hätte West auch einen Singleton-Treff geben können. Dann hätten die Gegner eben Treff gestochen. Und selbst wenn keiner der Gegenspieler trumpfen kann, ist anzunehmen, daß derjenige, der mit Pik gewinnt, wieder Treff ausspielt. Jetzt haben Sie ein neues Problem, an dem Sie selbst schuld sind. Denn wenn Sie nun Trümpfe ziehen, bleibt Ihnen kein Treff mehr, und Sie können dem Tisch nicht auch das Ausspiel verschaffen. Wenn Sie stattdessen versuchen, erst die Treff-Gewinner zu spielen, können Sie ziemlich sicher sein, daß jemand trumpft. Die Lehre aus diesem Beispiel ist völlig klar: Ziehen Sie Trümpfe bei den Gegnern, wenn Sie genügend hohe Gewinnkarten haben!

Wandeln wir alles ein wenig ab, indem wir die Farbe Treff des Strohmannes schwächen:

♠6
♥7 5 3
♦B 8 5 3
♣A K 5 3 2

♠8 7 4
♥A K D B 10
♦K 6 2
♣7 4

Wieder haben Sie "Vier Herz" zu erfüllen. Sie prüfen die Karten des Strohmannes und stellen fest, daß Ihr Partner zu hoch gereizt hat. Das ist so üblich bei Partnerspielen wie Bridge: Im Geiste machen Sie stets den Partner verantwortlich, wenn etwas schiefgeht, denn Sie selbst machen ja nur äußerst selten Fehler ... (Jedenfalls scheinen alle Spieler, die ich kenne, so zu denken! Um des lieben Friedens Willen gibt es meiner Meinung nach nur zwei Dinge, die Sie zu Ihrem Partner sagen sollten, sobald ein Blatt gespielt ist: "Gut gemacht!", wenn Sie erfolgreich waren, und "Pech gehabt!", wenn er etwas Schreckliches getan hat. Auf diese Weise gewinnen Sie im Laufe der Jahre viele Freunde.) Verzeihung, wir sind offenbar vom Thema abgekommen ...

Sie spielen ein niedriges Treff aus, und wieder müssen Sie sich entspannt zurücklehnen und Ihre Stiche zählen. Wenn Sie Trümpfe ziehen, gewinnen Sie fünf Stiche mit Herz, nur zwei mit Treff und (an guten Tagen) einen mit Karo, insgesamt also acht. Das ist aber nicht genug, und darum müssen Sie sich mit dem Gedanken anfreunden, diese Strategie nicht zu verwenden. Jetzt ist es entscheidend, daß Sie bei der ersten sich bietenden Gelegenheit einen Stich in Pik abgeben. Wie vorhin könnte es der Gegenseite gelingen, zwei Stiche mit Karo zu machen und einmal zu trumpfen, oder sie übertrumpft sogar eines Ihrer hohen Treff. Das sind Gelegenheiten, die Sie jetzt ergreifen müssen! Sie gewinnen also den ersten Stich und verzichten auf den Stich mit Pik. Wenn Ihre Gegner Ihnen nun nichts Schlimmes zufügen können – was werden sie wohl versuchen? Denken Sie eine Weile darüber nach ...

* * *

Dies ist eine interessante Idee, die einer näheren Prüfung wert ist. Wenn Sie Gegner sind und der Alleinspieler keine Trümpfe zieht, hat er wahrscheinlich gute Gründe dafür, die Trümpfe des Strohmannes liegen zu lassen. Wenn er sie nicht spielt, könnte es ratsam für Sie sein, etwas dagegen zu unternehmen, ehe er diese Trümpfe nach seinem Gutdünken einsetzt.

Das hört sich gut an – nur genießen Sie diesen Gedanken bitte mit Vorsicht! Wenn Sie den Eindruck haben, daß der Alleinspieler weiß, was er tut, ist alles in Ordnung. Aber es gibt auch solche Alleinspieler (und Sie werden Ihnen begegnen!), die keine Trümpfe ziehen, weil sie einfach nicht daran denken, oder die überhaupt vergessen haben, was Trümpfe sind. Wenn Sie die Farbe nun selbst spielen, führen Sie solche Mitmenschen vielleicht auf den richtigen Weg zurück.

Bei diesem Beispiel nehmen wir aber an, daß Ost mit Pik den Stich macht und dann einen Trumpf ausspielt. Er nimmt an, daß Ihnen noch drei lausige Pik geblieben sind und daß Sie alle drei Trümpfe des Strohmannes benötigen, um sie abzusichern. Die gegnerische Linie hat die beste Verteidigung gefunden – aber noch sind Sie nicht verloren. Sie gewinnen mit dem Trumpf in Ihrer Hand, stechen mit einem kleinen Pik auf dem Tisch und überlegen, was als nächstes zu tun ist. Sie würden gerne mit Ihrem letzten kleinen Pik stechen, doch leider spielt der Tisch aus. Wie können Sie in die Hand kommen (d. h. sich das Ausspiel verschaffen)? Ein Ausspiel mit Trumpf würde zwar Ihr Problem lösen, aber auch dem Tisch seinen letzten Trumpf nehmen, bevor Sie ihn nutzen können.

Es gibt nur einen einzigen erfolgversprechenden Ausweg: Sie spielen das verbliebene hohe Treff des Strohmannes und stechen mit einem Treff Ihres eigenen Blattes. Das verschafft Ihnen keinen zusätzlichen Stich, denn mit Ihrem Herz-As machen Sie immer einen Stich. Aber jetzt können Sie Ihr letztes Pik dort ausspielen, wo Sie es gewollt haben, und mit dem

Strohmann trumpfen. Das Ergebnis sind neun Stiche – ein deutlicher Fortschritt, aber immer noch nicht genug.

Einerlei, was Sie mit Ihren neun Stichen tun – verschwenden Sie keine Zeit damit, mit einem weiteren Treff zu trumpfen. Das war nur eine Notlösung, damit Sie ausspielen konnten. Wenn der Dummy zum letztenmal ausspielt, müssen Sie versuchen, davon zu profitieren, indem Sie ein kleines Karo gegen den König spielen. Wenn das As aus Ihrer Sicht günstig plaziert ist (also bei Ost), machen Sie wahrscheinlich den zehnten Stich für Ihren Kontrakt. Wenn das Karo-As aber bei West ist und Sie sich mit nur neun Stichen begnügen müssen, dürfen Sie hingegen in dumpfes Grübeln über das optimistische Gebot Ihres Partners verfallen. Aber Sie haben wenigstens versucht, das Beste aus der Situation zu machen!

Gehen wir weiter davon aus, daß Sie einen "Vier Herz"-Kontrakt geschlossen haben. Nur sehen Blatt und Tisch diesmal ein wenig anders aus:

♠3
♥D B 7 6 4
♦A 6 3
♣9 5 2

♠9 5 2
♥A K 10 8 5
♦K 8 4
♣A 3

Gegen Ihren Herz-Kontrakt (Ziel: 10 Stiche) spielt West die Karo-Dame aus. Wie es sich gehört, denken Sie nach. Wenn Sie alles gewinnen und mitnehmen, was mitzunehmen ist, gewinnen Sie am Ende mit fünf Herz, zwei Karo und einem

Treff. Das sind nur acht Stiche. Ist dies eines jener Blätter, das Ihnen keine andere Wahl läßt, als sofort ein Pik zu spielen, um vom Tisch zu trumpfen? Nein, hier haben wir es mit einem Zwischending zu tun. Ihre Linie hat wahrlich genug Trümpfe, um ein Schlachtschiff zu versenken, und es gibt überhaupt keinen Grund, warum Sie nicht sofort Trümpfe ziehen sollten. Dafür benötigen Sie schlimmstenfalls drei Runden (Ihnen fehlen ja nur drei Trümpfe), und dem Strohmann bleiben immer noch zwei Trümpfe, um die beiden kleinen Pik wettzumachen. *Denken Sie daran:* Ziehen Sie Trümpfe des Gegners heraus, sofern nicht gute Gründe dagegen sprechen!

Wenn Sie vergessen, Trümpfe zu ziehen, und Pik spielen, werden Sie Ihren Kontrakt dennoch *fast* immer erfüllen – doch hin und wieder wird es den Gegnern gelingen, Ihr Treff-As oder Ihr verbliebenes hohes Karo zu übertrumpfen. Unwahrscheinlich? Schon, aber ist es denn nötig, ein überflüssiges Risiko einzugehen?

Betrachten wir einen anderen Typ der Aufteilung des Blattes. Diesmal lautet der Kontrakt "Vier Pik" (weil uns die "Vier Herz" allmählich langweilen):

| | | |
|---|---|---|
| | ♠A B 9 3<br>♥7<br>♦A 10 7 4<br>♣A 8 6 3 | |
| ♠5<br>♥D 10 8 5<br>♦K D B<br>♣K 10 7 5 4 | N<br>*W* *O*<br>*S* | ♠8 7 6 2<br>♥K B 3 2<br>♦9 5<br>♣D B 2 |
| | ♠K D 10 4<br>♥A 9 6 4<br>♦8 6 3 2<br>♣9 | |

Nach einer aggressiven Lizitation wird Süd Alleinspieler (die hohen Karten sind bei Süd und Nord ein wenig dünn gesät), und West spielt den Karo-König aus. Durchdenken Sie die Lage so logisch wie möglich. Ihre Gedankengänge könnten etwa so aussehen:

*1. Stufe:* Wenn ich einfach alles nehme, was in Sicht ist, bleiben mir vier Pik und drei Asse – sieben Stiche?

*2. Stufe:* Steht alles wirklich so schlecht, wie es aussieht? Drei Runden mit Trumpf reichen wahrscheinlich, um alle kleinen Trümpfe der Gegner zu ziehen. Dann bleibt mir ein Trumpf in jedem Blatt, und es dürfte keine Kunst sein, sie einzeln zu spielen. Acht Stiche.

*3. Stufe:* Habe ich weitere Möglichkeiten? Von Herz oder Treff ist nichts zu erwarten. Aber wenn die fehlenden Karo-Karten nicht ungünstiger als im Verhältnis 3:2 verteilt sind, kann ich mir einen zusätzlichen

Stich in dieser Farbe ausrechnen. Summa summarum, wenn alles gutgeht: neun Stiche. Reicht nicht, weil ich "Vier Pik" erfüllen muß.

*4. Stufe:* Soll ich den Plan, Trümpfe zu ziehen, lieber gleich aufgeben? Ich sehe ja, daß er nicht funktioniert.

*5. Stufe:* Wie wär's, wenn ich meine drei schwachen Herz ausspiele, damit der Strohmann trumpfen kann, bevor ich selbst Trümpfe ziehe? Klingt gut, aber in der Praxis gibt es ein Problem: Es wird immer schwerer werden, wieder selbst auszuspielen, ohne meine eigenen Trümpfe zu verbrauchen.

*6. Stufe:* Aufgeben?

*7. Stufe:* Aufgeben? Niemals! Lieber werde ich etwas Neues ausprobieren ...

Sie versuchen es mit einer Taktik, die wir "Schnapper" nennen. Überlegen Sie einmal, was dabei herauskommt, wenn Sie keinen Versuch machen, Trümpfe zu ziehen, sondern sich darauf beschränken, *möglichst viele eigene Trümpfe der Reihe nach einzusetzen.* Auf einmal sehen Sie Licht am Ende des Tunnels, und das Leben macht wieder Spaß. Probieren Sie es aus! Ich erkläre die Methode kurz und bündig, und indem Sie die Erläuterung nachvollziehen, verstehen Sie, was geschieht. Es geht so: Karo-As, Treff-As, Treff-Trumpf, Herz-As, Herz-Trumpf, Treff-Trumpf, Herz-Trumpf, Treff-Trumpf, Herz-Trumpf. Wenn Sie nicht außer Atem geraten sind, haben Sie gemerkt, daß ich bereits neun Stiche gemacht habe und immer noch Trumpf-As und Trumpf-König halte. Zu meinem Ärger kann ich sie nicht einzeln benutzen, um Stiche zu machen. Aber mit zehn Stichen bin ich vollauf zufrieden! Am Ende bleiben Ost drei Trümpfe, und er kann sich daran ergötzen, die Karo-Gewinner seines Partners zu übertrumpfen.

Für ein erfolgreiches "Schnappen" benötigen Sie zahlreiche Trümpfe in beiden Blättern sowie eine lange Farbe, der eine Kürze gegenübersteht, und eine Kürze, der eine lange Farbe gegenübersteht. Die oben abgebildeten Hände sind ein ausgezeichnetes Beispiel dafür: In beiden steht der Farbe, die von einem As angeführt wird, ein Singleton gegenüber. Manchmal müssen Sie zuerst allerdings ein wenig arbeiten. Vielleicht haben Sie einen Doubleton statt eines Singleton in einem Blatt und müssen einen Stich abgeben, ehe Sie mit dem "Schnappen" beginnen können.

Ein letzter Gedanke: Wenn Sie *Verteidiger* sind und das Gefühl haben, daß die andere Linie dabei ist, einen "Schnapper" einzusetzen – was spielen Sie aus? Ganz recht – einen Trumpf. Das führt dazu, daß die Gegner mindestens zwei Trümpfe nicht nacheinander einsetzen können! Vielleicht klappt es nicht immer, aber Sie sollten sich diese Idee auf jeden Fall merken.

# KAPITEL 11

## DAS AUSSPIEL

Die Frage, welche Karte man beim ersten Ausspiel spielt, wird beim Bridge wohl am häufigsten gestellt. Mit dieser Karte beginnt das Spiel für alle Blätter. Ist Ihnen klar, worin das Problem besteht? Sie haben nur Ihre eigenen dreizehn Karten und die Lizitation als Anhaltspunkt! Sobald die erste Karte ausgespielt ist und das Blatt des Strohmannes auf dem Tisch liegt, kann jeder Spieler mindestens 26 Karten sehen. Im Verlaufe des Spiels werden immer mehr Karten gezeigt und machen das Spiel – wenn Sie Glück haben – einfacher.

Ein weiteres Problem ist zu bedenken. Es ist zwar oft leicht, zu sagen: "Das ist die richtige Ansage" oder "Es ist richtig, Trümpfe zu ziehen". Viel kniffliger ist es jedoch, die auszuspielende Karte so zu wählen, daß Sie davon völlig überzeugt sind. Auch in diesem Kapitel kann ich Ihnen nur ein paar *Anregungen* geben, über die Sie nachdenken sollten – einige Regeln und Warnungen, an denen Sie sich orientieren können.

Ihr erstes Ausspiel sollte **konstruktiv** und **risikolos** sein. "Konstruktiv" heißt, die Karte sollte Ihrer Linie nützen, d. h. sie sollte nicht unbedingt einen Stich gewinnen, aber einen Stich (oder mehrere) in Ihrem Blatt oder im Blatt des Partners *etablieren.* "Risikolos" heißt, der Gegenseite keinen Stich zu überlassen, der ihr *nicht* zusteht. Mit einem As wird die gegnerische Linie natürlich fast immer früher oder später einen Stich machen. Aber stellen Sie sich folgendes vor:

43

AD876 B1095

K2

Wenn West diese Farbe zuerst ausspielt – entweder mit einer kleinen Karte oder mit seinem As –, wird Süds König zum Gewinner. Noch dazu ein unverdienter Gewinner! Denn wenn Süd diese Farbe selbst hätte spielen müssen, hätte er nichts erreicht – er hätte höchstens niedrig gegen den König spielen können, wäre aber am As von West gescheitert.

Wie also spielen Sie konstruktiv und gefahrlos aus? Am günstigsten ist es, wenn Sie mit einer Farbe anfangen, die wenigstens drei benachbarte Karten enthält. Zum Beispiel:

AKD2
oder KDB104
oder DB107
oder B1093

Wenn Sie das Glück haben, eine so nützliche Figurenfolge zu besitzen, sollten Sie deren Wirkung nicht zunichte machen, indem Sie eine niedrige Karte ausspielen. Nehmen wir an, eine Farbe ist wie folgt verteilt:

K54

DB107 862

A93

Sie spielen vom West-Blatt aus. Da wäre es töricht, die Sieben zu spielen. Der Strohmann spielt niedrig, Ihr Partner kann nicht viel dagegen tun, und der Alleinspieler macht einen leichten Stich mit seiner Neun, behält aber As und König in Reserve. Er gewinnt somit drei Stiche statt deren zwei. Hätte West stattdessen eine seiner Honneurs ausgespielt, hätte der Alleinspieler eine seiner hohen Karten verbrauchen müssen. Wenn West wieder zum Ausspielen kommt und eine weitere hohe Karte ausspielt, muß das As oder der König (je nachdem, was übrig geblieben ist) den Stich machen. Das Ergebnis? West behält einen Gewinner, einerlei, wie der Kontrakt aussieht. Wenn er zufällig "Sans Atout" lautet, hat West mit Hilfe seiner Sieben sogar noch einen zusätzlichen Stich sicher.

Gut, das war Stufe 1. Wenn Sie eine Sequenz aus benachbarten hohen Karten haben, spielen Sie eine davon aus. Aber welche? Für Ihr Spiel sind sie alle gleich wertvoll. Wenn Sie König, Dame und Bube in einer Farbe halten, gewinnt Ihr Bube mit ebenso großer Wahrscheinlichkeit einen Stich wie Ihr König. Das Problem besteht darin, daß Bridge ein Partnerspiel ist! Darauf kann man nicht nachdrücklich genug hinweisen. *Sie haben einen Partner, dem Sie helfen wollen, statt ihn vor ein Rätsel zu stellen.* Nehmen wir an, Sie haben K D B 3 in einer Farbe und spielen die Dame aus. Wird Ihr Partner, der vielleicht A 5 4 hält, sich dann nicht die Frage stellen, wer wohl den König besitzt? Am Ende spielt er womöglich sein As, und damit verzeichnet Ihre Linie den zweifelhaften Erfolg, zwei hohe Karten für einen Stich verbraucht zu haben. Das ist eine Verschwendung sondergleichen, denn Sie wollen ja Ihre hohen Karten *einzeln* einsetzen.

Welche Folgen hat es, wenn Sie den König ausspielen? Jetzt hat Ihr Partner keinerlei Grund, sein As zu verschwenden. Denn er kann sehen, daß Ihr König dieselbe Aufgabe erfüllt.

Halten Sie sich also an diese Regel, und spielen Sie die höchste Karte einer Sequenz aus. Wenn Sie es immer tun und Ihr Partner ebenfalls, *wissen Sie, woran Sie sind.* Und das ist beim Bridge sehr wichtig! Probieren Sie es aus. Der Partner spielt die Dame aus, und Sie sehen dieses Bild:

| | | |
|---|---|---|
| | 7 6 5 | |
| D | | A 9 8 4 3 |

Wer hat den König? Nicht der Partner, denn er hat ja die Dame ausgespielt. Nicht Sie oder der Strohmann – das können Sie sehen. Folglich hält der Alleinspieler (Süd) den fehlenden König, und Sie sollten Ihr As für den Fall spielen, daß der König allein steht, d. h. ein Singleton ist.

Obwohl wir das Thema an anderer Stelle behandelt haben, lohnt es sich, hier über ein Problem nachzudenken, das noch etwas anders gelagert ist. Der Kontrast ist recht hilfreich. Wie bereits erwähnt, haben Sie D B 10 9 und spielen die Dame aus. Nehmen wir aber an, Sie sind Ost, Ihr Partner hat die Zwei ausgespielt, und Sie können von der Farbe folgendes sehen:

| | | |
|---|---|---|
| | 7 6 5 | |
| D | | A 9 8 4 3 |
| | ? | |

Welche Karte spielen Sie? Es wäre nicht klug, zu antworten: "Darauf kommt es nicht an; sie sind alle gleichwertig." Sie müssen an den *Partner* denken. Nehmen wir an, die ganze Farbe sei so verteilt:

7 6 5

K 4 3 2 — D B 10 9

A 8

Jetzt ist es wichtig, den anderen Weg zu gehen: Nachdem Ihr Partner eine Farbe ausgespielt hat oder Sie in der vierten Position am Tisch einen Stich gemacht haben, tun Sie Ihr Bestes: Spielen die *niedrigste* Karte, mit der Sie alles erreichen, was Sie erreichen wollen. Hier legen Sie also die Neun. Vielleicht fragen Sie sich wieder, worin der Unterschied liegen könnte? Sehen Sie die Lage aber einmal mit den Augen des Partners. Was kann er sehen, wenn Sie die Dame spielen und der Alleinspieler mit seinem As gewinnt? Er sieht:

7 6 5

K 4 3 2 — D ?

A ?

Der arme alte West fragt sich, wer wohl den Buben, die Zehn und die Neun hat. Wenn Sie jedoch zum ersten Stich die Neun beigesteuert haben und damit das As des Alleinspielers herausgezogen haben, weiß Ihr Partner, daß Sie Dame, Bube und Zehn halten. Denn warum sollte der Alleinspieler sein As vergeuden, wenn er den Stich viel billiger hätte haben können?

Wir sind ein wenig vom Thema abgewichen. Aber das schadet gar nichts. Jetzt verstehen Sie wenigstens, warum es logisch ist, die Dame aus D B 10 9 *auszuspielen* und zu versuchen, mit der Neun einen Stich zu machen, wenn Ihr Partner die Farbe ausspielt. Diese Taktik sollten Sie im Schlaf beherrschen, einerlei, wie weit das Spiel gediehen ist!

Nehmen wir ein extremes Beispiel: Sie brauchen zwölf Stiche und haben nur noch die beiden Karten Pik-Dame und Pik-Bube zum Ausspielen. Nehmen Sie die Dame! Wenn Ihr Partner allerdings ein niedriges Pik spielt und der Strohmann klein spielt, legen Sie den Buben. Natürlich spielt das in diesem sehr späten Stadium keine entscheidende Rolle mehr – aber Sie sollten es sich angewöhnen, *jederzeit* das Richtige zu tun. Dann vergessen Sie es nie und machen keinen Fehler, wenn es tatsächlich darauf ankommt.

Wir haben folgenden Hauptgedanken zum Thema "Ausspiel" herausgearbeitet: Eine Farbe, die von einer Sequenz angeführt wird, bietet meist ausgezeichnete Möglichkeiten. Sie ist sowohl *konstruktiv* als auch *risikolos*, sofern Sie daran denken, die höchste Karte zu spielen. Natürlich wird Ihnen nicht immer eine Sequenz zugeteilt. Sie könnten auch eine Farbe bekommen, die so aussieht:

| | |
|---|---|
| | A K B 3 |
| oder | K D 10 5 |
| oder | D B 9 3 |

Das sind keine vollständigen Sequenzen, aber immerhin jeweils zwei benachbarte Karten, dann eine Lücke, dann die nächste Karte der Folge. Man nennt diese Folgen "Beinahe-" oder "2½-Sequenzen". Beide Ausdrücke sind allerdings nicht sonderlich wichtig, und darum finden Sie sie nicht im Glossar.

Wenn Sie jetzt einfach die Karte ausspielen, die Sie auch aus einer vollen Sequenz von wenigstens drei benachbarten Karten gespielt hätten, ist Ihr Ausspiel auf jeden Fall *konstruktiv*. Das einzige Problem ist, daß dieses Ausspiel nicht mehr ganz *gefahrlos* ist.

Ein Beispiel:

K 10 3

D B 9 7 8 6 5

A 4 2

Sie spielen die Dame aus, Süd gewinnt mit dem As in seiner Hand und spielt später eine niedrige Karte in die Hand, um mit der Zehn des Strohmannes zu schneiden. Jetzt macht der Alleinspieler in dieser Farbe drei Stiche statt zwei (mit As und König). Hätten Sie die Farbe nicht ausgespielt, wäre er über die zwei Stiche nicht hinausgekommen. Sehen Sie den Unterschied? Wenn der Alleinspieler versucht, alles selbst zu erledigen, und die Farbe ausspielt, indem er aus der Südhand klein spielt, können Sie den Buben legen, um ihn daran zu hindern, mit der Zehn des Strohmannes einen Stich zu machen. Spielen Sie aber zuerst die Dame aus, sind Sie plötzlich hilflos.

Allerdings war ziemlich viel Pech erforderlich, damit Ihr Ausspiel Sie einen Stich kostete. Überlegen Sie einmal, was alles schiefgehen mußte:

1. Hätte Ihr Partner entweder As, König oder Zehn gehalten, wäre der zusätzliche Stich nicht in Gefahr gewesen.
2. Der Alleinspieler und der Strohmann mußten beide entweder das As oder den König haben.
3. Der Dummy mußte die Zehn halten.

Es muß also schon einiges zusammenkommen, ehe das Ausspiel schiefgeht. Wie könnte ein Ausspiel mit K D 10 2 schiefgehen? Es lohnt sich, darüber nachzudenken ...

Wenn Sie nicht erkennen, wie das empfohlene Ausspielen des Königs Sie einen Stich kosten kann, stellen Sie sich eine Situation wie diese vor:

| | | |
|---|---|---|
| | B 5 4 | |
| K D 10 2 | | 8 7 6 |
| | A 9 3 | |

Wenn zum ersten Stich König, Vier, Sechs und As gespielt werden, kann der Alleinspieler sich einen zweiten Stich sichern, indem er klein gegen den Buben spielt. Hat West aber die Farbe gar nicht ausgespielt, kann Süd außer seinem As nichts verwerten.

Richtig, Sie haben noch ein hervorragendes Ausspiel (eine volle Sequenz) und ein gutes (eine Beinahesequenz) in Reserve. Das Problem ist nur, daß Sie nicht immer eine Folge wie diese bekommen. Viel häufiger werden Sie mit einer Folge wie D 10 7 5 2 konfrontiert sein und beschließen, sie auszuspielen. (Natürlich müssen Sie diese Farbe nicht ausspielen; wir wollen es hier aber einmal annehmen.) Es ist üblich, die *vierthöchste* (also von oben gezählt die viertbeste) Karte auszuspielen, in diesem Fall die Fünf.

Sie fragen nach dem Warum? Es gibt technische Gründe dafür, gerade diese Karte einer Farbe zu wählen. Der beste Grund jedoch ist praktischer Natur: Alle anderen tun es ebenfalls und erwarten es auch von Ihnen! (Seien Sie nicht wie Hänschen, das seine stolze Mutter bei einer Parade vorbeimarschieren sah. "Da ist unser Hänschen", rief sie. "Er ist als einziger nicht aus dem Tritt!") Es gibt sicherlich ein oder zwei einfache Argumente, die für die vierte Karte sprechen. Wenn Sie zum Beispiel Sans Atout spielen, erwarten Sie normalerweise, daß ein Spieler eine lange Farbe ausspielt. Nun spielt Ihr Partner die Zwei. Mit wie vielen Karten in dieser Farbe hat er angefangen? Richtig, mit genau vier Karten. Wenn die Vier die vierthöchste Karte und (eindeutig) die niedrigste ist, kann er nicht mehr Karten haben. Wenn Sie also wissen, wie viele Karten der Partner besitzt, und wenn Sie sehen, wie viele Karten Sie und der Strohmann halten, können Sie sich ausrechnen, wie viele Karten der Alleinspieler hat. Das kann kein Nachteil sein, und Sie machen sich allmählich ein Bild vom Blatt des Alleinspielers.

Wir haben bisher nicht zwischen den beiden Kontrakttypen "Sans Atout" und "Farbe als Trumpf" unterschieden. Sie spielen in jedem Fall die höchste Karte einer Sequenz oder Beinahesequenz aus, und wenn Sie beschließen, eine lange, unterbrochene Farbe auszuspielen, nehmen Sie die vierthöchste Karte. Denken wir aber einmal darüber nach, warum wir gerne eine Folge wie D 10 7 5 2 ausspielen möchten. Beim Sans Atout müssen wir versuchen, mit unserer langen Farbe zum Zuge zu kommen. Nur selten werden Ihnen genügend Asse und Könige zugeteilt, um die Gegner mit hohen Karten auszustechen. Viel öfter müssen Sie in Ihrer langen Farbe Stiche etablieren. Beim obigen Beispiel hoffen Sie, daß Ihr Partner eine hohe Karte (oder sogar zwei) in dieser Farbe hat, damit Sie alles herauszwingen können, was der Alleinspieler möglicherweise an Stoppern in dieser Farbe hat. Wenn das (mit etwas Glück) geklappt hat, können Sie vier Stiche erzielen.

Wenn es aber eine Trumpffarbe gibt, ist Ihr Ergeiz viel gemäßigter, selbst wenn Sie dieselbe Karte ausspielen. Es hat wahrscheinlich wenig Sinn, mit Ihren niedrigen Karten Stiche etablieren zu wollen, denn der Strohmann oder der Alleinspieler würden sie einfach übertrumpfen. Das Beste, worauf Sie hoffen können, ist wohl eine Farbe, die so verteilt ist:

8 6 4

D 10 7 5 2 K 3

A B 9

Nachdem Sie die Fünf ausgespielt haben, werden die Vier, der König und das As gelegt. Jetzt sitzen Sie da und warten mit Ihrer Dame und Ihrer Zehn gelassen auf Süds Buben und Neun. Sobald Ihr Partner *mit einer anderen Farbe* zum Zuge kommt, spielt er sie aus, und Sie machen zwei Stiche. Aber Ihr Partner braucht nur eine Karte mehr im Blatt zu haben und der Strohmann eine weniger, und schon können Sie nur noch einen Stich etablieren.

Das ist also der große Unterschied, wenn Sie in einer langen Farbe ausspielen: Beim Sans Atout hoffen Sie darauf, mit den meisten Karten der Farbe einen Stich zu machen; beim Kontrakt mit einer Farbe können Sie nur darauf hoffen, daß eine oder zwei Ihrer hohen Karten stechen. Ihr Ausspiel hat sich dabei nicht verändert. Nehmen wir aber an, Sie hätten mit folgender Farbe begonnen:

A K 7 5 2

Beim Sans Atout spielen Sie Ihre vierthöchste Karte aus. Sie rechnen damit, daß der Alleinspieler, der Sans Atout geboten hat, einen Stopper in der betreffenden Farbe hat. Gleichzeitig jedoch hoffen Sie, daß dieser Stopper durch Ihr Ausspiel verbraucht wird.

Vielleicht so:

B 9 3

A K 7 5 2 8 4

D 10 6

Der Alleinspieler gewinnt sicher den ersten Stich. Aber jetzt halten Sie vier Gewinnkarten bereit, einerlei, ob Sie oder Ihr Partner als nächster ausspielen.

Modifizieren wir die Ausgangssituation ein wenig, und nehmen wir an, eine Farbe sei Trumpf. Mit Ihrem As und Ihrem König rechnen Sie nur mit zwei Stichen – Ihre niedrigen Karten haben jetzt keine Zukunft mehr –, und darum würden Sie mit diesem Blatt das As ausspielen. Sehen Sie es von der positiven Seite! In diesem Beispiel spielen Sie As und König, und jetzt ist Ihr Partner in der Lage, die nächste von Ihnen ausgespielte Karte zu trumpfen, so daß der Alleinspieler überhaupt keinen Stich in dieser Farbe macht. Was wäre geschehen, wenn Sie ohne nachzudenken Ihre vierthöchste Karte gegen einen Farbenkontrakt ausgespielt hätten? Süd hätte mit der Zehn gewonnen und Trümpfe gezogen. Und einer Ihrer möglichen Stiche hätte sich in Luft aufgelöst!

Welche Karte würden Sie aus der folgenden Farbe ausspielen (ich habe eine kleine Falle eingebaut!)?

A 10 7 5 2

Die erste Falle besteht darin, daß ich Ihnen den Kontrakt nicht genannt habe. Beim Sans Atout haben Sie keinerlei Sorgen und spielen die Fünf aus. Nehmen wir aber an, eine Farbe sei Trumpf – was dann? Das ist die zweite Falle! Wenn Sie sich verteidigen, verwenden Sie Ihre Asse am besten dafür, Stiche gegen die Könige und Damen der anderen Linie zu gewinnen. Wenn Sie die Asse *ausspielen*, werden Sie oft nur Zweien und Dreien einsammeln und für die gegnerischen Könige und Damen Stiche etablieren. Wenn Sie das As ausspielen, können Sie als wichtigste Entschuldigung anführen, daß Sie auch den König haben! Sie werden vielleicht fragen, was denn falsch daran sei, die Fünf auszuspielen, so wie Sie es beim Sans Atout tun würden. Nun ja – wenn es eine Trumpffarbe gibt, scheint meistens der Alleinspieler oder der Strohmann einen Singleton-König zu haben. Der einsame König gewinnt, und später übertrumpft der Gegner Ihr As. Wenn Sie jedoch das As *ausspielen*, ist der König nie allein und verwandelt sich in einen unverdienten Stich für den Alleinspieler. Vielleicht glauben Sie, ich übertreibe die Gefahr; aber das Ausspielen einer Farbe wie dieser geht so oft schief, so daß Sie gut daran tun, darauf zu verzichten, wenn Sie das erste Ausspiel gegen einen Farbenkontrakt Ihrer Gegner machen. Das ist beinahe eine goldene Regel fürs erste Ausspiel, wenn eine Farbe Trumpf ist: Spielen Sie *nie* eine niedrige Karte aus, falls Sie ein As in der Farbe haben!

Wenn wir schon über Ausspiele sprechen, die schiefgehen: Es gibt einige, die geradezu erschreckend sind, zum Beispiel jede kurze Farbe mit ein paar Honneurs wie A D 2, A B 2, K B 2, D 10 2, K 10 2 und so weiter. Wenn Sie solche Karten haben, tun Sie gut daran abzuwarten. Nehmen wir einen Extremfall: Sie haben mit A D 10 in einer Farbe begonnen. Wo am Tisch würden Sie gerne sitzen? Ich meine nicht Nord, Süd usw., sondern: Würden Sie gerne ausspielen, oder möchten Sie der zweite, der dritte oder der letzte Spieler zum Stich sein? Spielen Sie Ihre Dame aus, verliert sie womöglich gegen den König. Ihre Zehn kann gegen den Buben verlieren. Wenn

Sie aber der vierte in der Reihe sind, ist Ihre Lage viel günstiger. Wenn Sie zweimal der letzte sind, haben Sie in der Farbe zwei Stiche anstatt vielleicht nur den einen, den Sie machen, wenn Sie unbedingt die Farbe ausspielen wollen.

Das sind eine ganze Menge Warnungen. Wenn Sie jedoch gegen Sans Atout spielen, wählen Sie normalerweise eine lange Farbe und spielen die höchste Karte einer Sequenz, falls Sie eine haben, oder die vierthöchste Karte, wenn die Farbe unterbrochen ist. Ist eine Farbe Trumpf, gibt es eine neue Möglichkeit: Sie spielen eine *kurze* Farbe aus. Ideal ist ein Singleton, denn wenn Ihr Partner das As hat, sind Sie sofort im Vorteil: Er nimmt einen Stich mit seinem As, gibt Ihnen das Ausspiel zurück, und Sie haben die Chance, mit einem niedrigen Trumpf einen Stich zu machen, der Ihnen sonst wohl nie geglückt wäre. Ein Beispiel:

♠A 4 3
♥D 10 7 5 2
♦B 9 7 4
♣4

Hat der Gegner "1 SA" – "3 SA" geboten, spielen Sie die Herz-Fünf aus. Wenn er "Ein Pik" – "Vier Pik" angesagt hat, wäre der Singleton – die Treff Vier – die bessere Wahl. Sehen Sie es von der positiven Seite: Selbst wenn Ihr Partner das Treff-As nicht hat, ist der Alleinspieler nicht in der Lage, Trümpfe zu ziehen, ohne daß Sie mit dem Pik-As zum Zuge kommen. Und wenn Ihnen das gelungen ist, haben Sie gute Aussichten, dem Partner mit einer der roten Farben das Ausspiel zu verschaffen und der gegnerischen Linie noch einen Treffstich abzutrumpfen, bevor Sie Ihre Trümpfe los sind.

Glauben Sie aber nicht, es sei immer richtig, einen Singleton auszuspielen. Angenommen, Sie verteidigen wieder gegen "Vier Pik", und Sie halten:

♠K D B
♥D 10 7 5 2
♦B 9 7 4
♣4

Da Sie hier zwei sichere Stiche mit der Trumpffarbe machen, ist es wirklich nicht ratsam, irgend etwas zu übertrumpfen, denn *zusätzliche* Stiche gewinnen Sie dadurch nicht. Hätten Sie aber Pik-As, Pik-Vier und Pik-Drei, könnten Sie nur auf einen Stich hoffen, es sei denn, es gelänge Ihnen, mit einem Ihrer niedrigen Trümpfe zu stechen.

Eine andere Möglichkeit – meist etwas weniger erfolgreich als das Ausspielen eines Singletons – besteht darin, einen Doubleton auszuspielen. Es kann gutgehen – muß aber nicht. Manchmal hat der Partner das As und die Dame über dem König des Dummy. Selbst wenn kein sofortiges Übertrumpfen möglich ist, können Sie später einmal die Möglichkeit dazu haben, ehe alle Ihre Trümpfe gezogen sind. Wenn Sie beschließen, einen Doubleton auszuspielen, nehmen Sie stets die höhere der beiden Karten. Lassen wir Sie einmal gegen "Vier Pik" spielen und folgendes Blatt haben:

♠A 4 3
♥D 10 7 5
♦B 9 7 4
♣8 4

Dann *können* Sie die Herz-Fünf oder die Karo-Vier ausspielen. Doch wäre die Treff-Acht vielleicht die attraktivere Lösung.

Oft müssen Sie eine Farbe ausspielen, die nichts weiter als Ramsch enthält und keine einzige Honneurkarte. Ein Beispiel wäre Treff 8 7 2. Wenn Sie diese Farbe ausspielen, nehmen Sie bitte die Acht. Wir nennen das ein "Ausspiel mit der Höchsten von Nichts". Zugegeben: Es ist nicht sonderlich konstruktiv, und für gewöhnlich entscheiden Sie sich deshalb dazu, weil alles andere noch ungünstiger erscheint. Immerhin ist dieses Ausspiel in der Regel risikolos. Angenommen, Sie fangen an mit

♠A D 7
♥B 5 4 2
♦8 7 2
♣K B 9

und müssen (als West) nach folgender Lizitation ausspielen:

| ***SÜD*** | ***WEST*** | ***NORD*** | ***OST*** |
|---|---|---|---|
| 1♥ | Passe | 1 SA | Passe |
| 2♥ | Passe | Passe | Passe |

Was überlegen Sie sich? Betrachten Sie eine Farbe nach der anderen. Pik? Uninteressant, da Sie hier eine kurze Farbe mit zwei Honneurs haben. Außerdem ist dies, wie wir gesehen haben, eine Farbe, mit der Sie am besten erst einmal abwarten. Etwas dasselbe gilt für Ihre Treff; deshalb ziehen Sie es vor, auch diese Farbe nicht anzufassen. Herz? Ja, vier Trümpfe sind vorhanden, aber das ist nicht der Grund, warum Sie sie nicht ausspielen wollen. Sie haben eine Trumpfunterstützung und werden einen Stich machen. Wenn Sie jedoch Trümpfe ausspielen, könnte Ihr Stich sich in Luft auflösen. Nehmen wir an, die Herz sind so verteilt:

♥9 6

♥B 5 4 2 ♥7 3

♥A K D 10 8

Wenn Sie sich nicht rühren, machen Sie letztlich einen Stich mit dem Herz-Buben; wenn Sie jedoch die Farbe ausspielen, klappt dies nicht!

Die Lösung des Problems besteht darin, ein Karo auszuspielen. Das ist zwar kein dynamisches Ausspiel, aber es ist ziemlich gefahrlos. Welche Karte? Die "Höchste von Nichts", also die Acht.

Allmählich zeichnet sich ein Muster der Ausspiele ab. Vielleicht fällt es Ihnen jetzt immer noch schwer, die richtige *Farbe* auszuwählen. Aber Sie wissen mittlerweile wenigstens, welche *Karte* Sie ausspielen. Und die Höhe Ihrer Karte vermittelt Ihrem Parter oft eine wichtige Botschaft:

1. Wenn Sie eine Honneurkarte ausspielen, kann er daraus schließen, daß Ihre Farbe mit einer Sequenz beginnt.
2. Wenn Sie eine niedrige Karte ausspielen, kann er daraus den Schluß ziehen, daß Sie die vierthöchste gewählt haben.
3. Wenn Sie eine hohe Karte ausspielen, kann er davon ausgehen, daß es sich um "die Höchste von Nichts" handelt.

Das funktioniert natürlich nicht immer (Singleton und Doubleton gibt es in allen Größen). Aber Sie können damit noch oft Hinweise zur ausgespielten Farbe geben. Versuchen Sie nun, einige kleine Probleme zu lösen. Ihr Partner spielt die Pik-Sechs gegen einen Kontrakt "Vier Herz" aus, und Sie können folgende Pik sehen:

1)

| | | |
|---|---|---|
| | ♠K 5 4 3 | |
| ♠6 ausgespielt | | ♠A D 2 |
| | ♠? | |

Was sagt Ihnen das Ausspiel des Partners? Diese Karte kann nicht "die Höchste von Nichts" sein, *da Sie selbst alle niedrigen Karten sehen können*. Wahrscheinlich handelt es sich auch nicht um einen Singleton, denn in diesem Fall hätte der Alleinspieler fünf Pik, und Sie hätten mit Sicherheit beim Reizen etwas davon gehört. Es bleibt also nur noch übrig, daß er die vierthöchste Karte ausgespielt hat. Nun das zweite Beispiel:

2)

| | | |
|---|---|---|
| | ♠K B 8 | |
| ♠6 ausgespielt | | ♠A D 7 2 |
| | ♠? | |

Welchen Schluß ziehen Sie aus der ausgespielten Karte? Sie kann nicht die vierthöchste sein, denn von den Karten, die Sie nicht sehen können, ist nur eine höher als die Sechs. Wieder ist es unwahrscheinlich, daß die Karte ein Singleton ist (der Alleinspieler hätte dann fünf), also handelt es sich entweder um einen Doubleton oder um "die Höchste von Nichts".

Drittes Beispiel:

3) ♠K 8 5

♠6 ausgespielt ♠A D 7 2

♠?

Was sagt Ihnen dieses Ausspiel? Die Karte ist wahrscheinlich kein Singleton. Sie könnte "die Höchste von Nichts" sein – aber auch die vierthöchste? Immerhin sind drei Karten, die Sie nicht sehen können, höher als die Sechs. Aber denken Sie weiter! Die drei fehlenden Karten sind Bube, Zehn und Neun, und was hätte West ausgespielt, wenn er mit Pik B 10 9 6 begonnen hätte? Richtig – den Buben. Da er es nicht getan hat, kann die ausgespielte Karte *nicht* die vierthöchste sein.

Um es zu wiederholen: Sie können das Ausspiel Ihres Partners nicht immer richtig deuten. Aber Sie haben doch eine ganze Reihe von Anhaltspunkten: die Karten des Tisches, Ihre eigenen Karten, die Karte, die der Alleinspieler zum ersten Stich spielt, und das Reizen. Denken Sie immer daran, *daß zwischen der vierthöchsten Karte und der "Höchsten von Nichts" ein großer Unterschied besteht!*

Bevor wir dieses Kapitel über das erste Ausspiel beenden, müssen wir noch etwas besprechen, was unsere Wahl beeinflussen kann und soll. Manchmal hat der Partner angesagt. Und wenn er es getan hat, sprechen zwei gute Gründe dafür, *seine* Farbe auszuspielen und *nicht* eine der eigenen. Erstens kann dies durchaus das beste Ausspiel sein. Zweitens *machen Sie Ihren Partner glücklich.* Er ist nicht der Meinung, er habe seine Zeit damit verschwendet, Ihnen mitzuteilen, welche Farbe er ausgespielt sehen möchte. Nichts ist ärgerlicher, als eine wirklich sportliche Ansage zu machen, um ein bestimmtes Ausspiel vorzuschlagen, unversehrt aus dem Reizen hervorzugehen, sich müde, aber zufrieden zurückzulehnen, um darauf zu warten, daß der Partner die richtige Farbe ausspielt – und dann zum eigenen Entsetzen festzustellen, daß der Partner *nachdenkt*! Worüber eigentlich kann er jetzt noch nachdenken? Sie haben ihm doch *gesagt*, welches Ausspiel Sie wünschen! Schließlich erwacht der Partner aus seiner Trance und spielt eine schreckliche eigene Farbe aus, an der Sie nicht das geringste Interesse haben. Das sind Momente, in denen so mancher versucht ist, das Bridgespiel aufzugeben ...

Gut, dieses Problem ist also gelöst. Wenn der Partner gereizt hat, spielen Sie *seine* Farbe aus. Nun ja, bleiben wir fair. In gewissen Fällen haben Sie eine Entschuldigung dafür, etwas anderes zu tun. Aber es muß schon eine recht gute Entschuldigung sein. Zum Beispiel: Sie haben gar keine Karten in seiner Farbe. Oder: Der Partner hat Pik geboten, Sie müssen mit Karo A K D B 10 in Ihrem eigenen Blatt gegen "3 SA" ausspielen, und Ihrer Meinung nach spricht vieles dafür, erst diese Karten zu spielen und damit den Kontrakt zu vereiteln.

Nun, wenn Sie immer die Farbe des Partners ausspielen, müssen Sie das womöglich mit Farben tun, die Sie sonst kaum ausgesucht hätten. Singleton – da bleibt Ihnen keine andere Wahl! Doubleton – Sie haben sich schon daran gewöhnt, die höhere Karte auszuspielen. Wenn aber der Partner eine Farbe geboten hat, wird A x, K x und D x für Sie schon interessanter. Normalerweise hätten Sie die Farbe nicht ausgespielt (um nicht mit Kanonen auf Spatzen zu schießen!); aber wenn der Partner sie schon geboten hat, was soll's! Dann spielen Sie eben die höchste Karte aus.

Haben Sie vier oder mehr Karten in der Farbe des Partners, gibt's keine Probleme: Sie spielen wie gewöhnlich Ihre vierthöchste aus. Sie spielen also aus D 10 7 5 2 die Fünf, aus K 9 7 3 die Drei und so weiter. Eine Ausnahme gibt es: Wenn Sie gegen Trumpfkontrakte spielen und das As in der vom Partner angesagten Farbe besitzen, spielen Sie es aus – einerlei, wie viele andere Karten Sie in dieser Farbe halten.

Jetzt tritt allerdings ein neues Problem auf. Wenn Sie drei Karten mit einer Honneurkarte an der Spitze haben – was ist zu tun? Beispiele sind K 7 3 oder D 5 8 oder 10 5 2. Normalerweise würden Sie eine solche Farbe nicht ausspielen. Wenn der Partner sie aber angesagt hat, fühlen Sie sich sehr wohl verpflichtet, es zu tun. (Ich kenne zwei alte Herren, die dreißig Jahre lang zusammen Bridge spielten. Dann spielte der eine nicht die Farbe seines Partners aus. Von da an spielten sie nicht nur zwanzig Jahre lang nicht mehr als Partner, sondern sie sprachen auch kein Wort mehr miteinander! Allerdings hatte der Ungehorsam einen Grund: Das Ausspielen der Partnerfarbe hätte zu "6 SA", Rekontra und sechs Fallern in der Gefahrenzone geführt – das sind 3400 Punkte! Die andere Farbe brachte einen Überstich und "nur" ein Plus von 2660 Punkten ein ...)

Verzeihung, wir sind wieder etwas vom Thema abgekommen. Mit drei Karten und einer Honneurkarte an der Spitze (denken Sie daran, daß auch die Zehn zu den Honneurs gehört) spielen Sie die niedrigste Karte aus, zum Beispiel K 7 **3,** D 6 **5,** 10 5 **2.**

Das paßt gut zu unseren allgemeinen Empfehlungen fürs Ausspiel. Niedrige Karten deuten auf etwas Interessantes in der Farbe hin, hohe Karten lassen auf eine "Höchste von nichts" und das Fehlen besserer Karten schließen.

Postskriptum: Vielleicht haben Sie schon den Merksatz gehört: “Spiele deine höchste Karte in der Farbe deines Partners aus.” Vergessen Sie ihn – es sei denn, Sie haben nur noch eine oder zwei Karten. Sehen Sie sich dieses Beispiel an:

| | | |
|---|---|---|
| | ♠6 3 | |
| ♠D 8 5 | | ♠A 10 9 7 4 |
| | ♠K B 2 | |

Süd ist in einem SA-Kontrakt, und Ost hat Pik geboten. Überlegen Sie: Wie viele Stiche macht der Alleinspieler in der Farbe, wenn West aus Versehen Pik-D ausspielt? Und wie viele Stiche gewinnt er, wenn West korrekt die Fünf ausspielt?

Spielen Sie es durch! Den dazu passenden Rat haben Sie oben bereits bekommen, und jetzt können Sie sehen, warum.

# KAPITEL 12

## EIN SEHR STARKES BLATT – WAS TUN?

Bisher haben wir erörtert, wie man mit ganz gewöhnlichen Eröffnungen umgeht. Wer ein ausgeglichenes Blatt hat (weder lange noch kurze Farben), eröffnet entweder mit "1 SA" (13-15 Punkte) oder beginnt auf Einerhöhe mit einer bestimmten Farbe und sagt bei der Wiederansage Sans Atout auf einer geeigneten Stufe an. Wer ein unausgeglichenes Blatt hat, eröffnet mit der längsten Farbe und wählt eine geeignete Wiederansage aus. Das haben wir in Kapitel 9 eingehender besprochen. Dort haben wir auch Blätter behandelt, die zwischen 13 und 20 Figurenpunkten stark sind. Schwächere Blätter machen keine Schwierigkeiten (Sie passen beim Reizen). Aber nehmen wir einmal an, Sie haben 21 oder mehr Punkte vor sich. Zum Beispiel:

| a) | b) | c) | d) |
|---|---|---|---|
| ♠A K 7 | ♠A K B 7 3 | ♠A K D 10 7 4 | ♠A D 5 |
| ♥A D 3 | ♥A K B 6 4 | ♥A 6 3 | ♥A K 7 2 |
| ♦K B 9 4 | ♦A 5 | ♦A D 5 | ♦A K 6 |
| ♣A 8 4 | ♣A | ♣2 | ♣A D 2 |

Ganz klar – das sind beneidenswerte Blätter (Warum nur bekomme ich selber sie nie?). Doch alle wirklich guten Blätter werfen auch ein ganz bestimmtes Problem auf: Es ist ärgerlich, wenn man im falschen Kontrakt landet und deshalb verliert.

Sie müssen in einem solchen Fall nicht weniger als drei dramatische Schritte unternehmen. Sehen wir uns zuerst das vollkommen ausgeglichene Blatt a) an. Sie haben 21 Punkte, und das Problem besteht darin, daß Ihr Partner, wenn Sie seelenruhig mit "Ein Karo" eröffnen (Ihre längste Farbe), mit einem Blatt wie

♠9 6 3
♥8 5 2
♦D 10 7 3
♣D B 10

vermutlich passen wird. Diese beiden Blätter mit zusammen 26 Punkten legen ein sehr vernünftiges "3 SA" nahe. Die Lösung ist, mit der Ansage "2 SA" zu eröffnen. Das zeigt immer ein ausgeglichenes Blatt mit 21 oder 22 Punkten an. Es ist nicht zwingend, und wenn der Partner zum Beispiel einige Buben oder noch weniger Punkte hat, steht es ihm frei, zu passen. Allerdings wird er alles Notwendige unternehmen, um das Spiel fortzuführen. Darum wird er mit dem obigen Blatt frohgemut "2 SA" auf "3 SA" heben, selbst wenn er auf die Eröffnung "Ein Karo" hin gepaßt hätte.

Es kann natürlich sein, daß ihm Ihr Vorschlag, Sans Atout zu spielen, nicht gefällt, denn vielleicht hat er ein unausgeglichenes Blatt. In diesem Fall tauchen neue Schwierigkeiten auf. Denken Sie daran, daß er nach einer "1 SA"-Eröffnung zwei Möglichkeiten hatte, in einer Farbe zu spielen. Mit einem schwachen Blatt, aber einer langen Farbe, konnte er seine Farbe auf Stufe 2 heben, wohl wissend, daß der Eröffner daraufhin auf jeden Fall passen würde. Mit einem guten Blatt (das heißt, gut genug für eine Manche) wäre er auf "Drei in seiner langen Farbe" gesprungen. Er hätte somit darauf bestanden, daß der Eröffner noch einmal antwortet – entweder durch Heben der genannten Farbe oder durch Rückkehr auf "3 SA".

Nach der "2 SA"-Eröffnung ist der Spielraum allerdings geringer, und die vernünftigste Lösung besteht darin, daß jede Reaktion auf "2 SA" die Linie zum Spiel verpflichtet. Es gibt hier nur eine Möglichkeit, auf die Bremse zu treten: nach der "2 SA"-Eröffnung zu passen. Darum bleibt Ihnen mit

♠10 7 6 5 3
♥2
♦B 8 5
♣8 6 4 2

kaum eine andere Wahl, als zu passen. Daraus wird wohl kein Triumph für Sie, aber wahrscheinlich auch keine Katastrophe. Nehmen wir an, Sie hätten stattdessen dieses Blatt bekommen:

♠K B 6 5 3
♥2
♦B 8 5
♣8 6 4 2

Dann würden Sie selbstverständlich mit "Drei Pik" erwidern – und Sie wären glücklich, zu hören, daß der Partner auf "Vier Pik" hebt, wenn er drei oder mehr Karten in Ihrer Farbe hat. Nicht ganz so erfreut wären Sie wohl, wenn er auf "3 SA" zurückginge, weil er nur zwei Pik hat. Denken Sie daran, daß Sie mindestens fünf Karten in Ihrer Farbe haben müssen, ehe Sie eine Alternative zu Sans Atout vorschlagen. Andernfalls hätte es wenig Sinn, Sans Atout zu verschmähen.

Alle Ansagen, die wir bisher besprochen haben, sind sozusagen ganz "normal" oder "selbstverständlich". Wenn Sie Pik bieten, haben Sie auch Pik. Wenn Sie Sans Atout bieten, haben Sie ein ausgeglichenes Blatt und so weiter. Doch nun werden wir zum erstenmal einer *künstlichen Ansage* begegnen, also einer Ansage, die anders lautet als das, was sie ausdrücken soll. Man nennt dies auch eine *konventionelle* Ansage, da sie auf einer Konvention (Übereinkunft) der Partner beruht.

Die stärkste aller Eröffnungen ist "Zwei Treff" – eine Ansage, die überhaupt nichts damit zu tun hat, wie viele Treff-Karten Sie in Wirklichkeit halten. Sie signalisiert ein sehr starkes Blatt, aber wir wollen uns an dieser Stelle nicht darauf festlegen, wie viele Punkte es haben sollte. Nur mit einem ziemlich ausgewogenen Blatt machen Sie sich Sorgen um Punkte. (Wenn Sie beim Aussteilen alle 13 Pik bekämen – würden Sie sich dann noch die Mühe machen, Ihre Punkte zu zählen?)

Es ist sehr wichtig, darauf zu achten, daß nur die "Zwei Treff"-*Eröffnung* diese spezielle Bedeutung hat. Eröffnet dagegen der Gegner, und Sie heben auf "Zwei Treff", handelt es sich um eine völlig normale Ansage.

Wenn Sie ein ausgeglichenes Blatt haben, benötigen Sie mindestens 23 Punkte, um mit "Zwei Treff" zu eröffnen. Denken Sie daran, daß die Eröffnungsansage "2 SA" 21 oder 22 Punkte signalisiert. Um stärkere Blätter anzuzeigen (falls das Glück Ihnen so hold ist!), beginnen Sie mit "Zwei Treff" und sagen anschließend "Sans Atout".

Vielleicht sieht es wieder so aus, als zäumten wir das Pferd am Schwanze auf. Aber es ist nicht abwegig, über eine Wiederansage auf die Eröffnung "Zwei Treff" hin nachzudenken, bevor wir näher untersuchen, wann wir mit "Zwei Treff" eröffnen.

Wichtig ist zunächst, daß nicht nur die "Zwei Treff"-Eröffnung künstlich ist (d. h. sie verrät nicht, wie viele Karten Sie in dieser Farbe haben), sondern auch die Antwort "Zwei Karo". Letztere warnt den Partner und teilt ihm mit, daß Sie ein schwaches Blatt haben. Wenn Ihr Partner also mit "Zwei Treff" eröffnet, antworten Sie *negativ*, nämlich mit "Zwei Karo", falls Sie ein Blatt wie in den folgenden Beispielen haben:

| a) | b) | c) |
|---|---|---|
| ♠D 6 4 2 | ♠A 7 5 | ♠D 8 2 |
| ♥8 5 | ♥4 3 2 | ♥8 |
| ♦B 7 3 | ♦B 2 | ♦B 10 9 7 6 4 |
| ♣10 8 5 4 | ♣7 6 4 3 2 | ♣10 9 2 |

Es ist reiner Zufall, daß Sie im Blatt c) eine Karofarbe haben. Natürlich halten Sie manchmal ein Blatt, das zu gut ist, um die negative Antwort "Zwei Karo" zu rechtfertigen, und dann möchten Sie natürlich eine *positive* Ansage machen. Klar: Beim Bridge ändern sich die Gepflogenheiten ebenso wie in anderen Lebensbereichen. Aber in der Regel benötigen Sie für eine positive Antwort ein As, einen König und eine gute Farbe. Mit einem der folgenden Blätter

| a) | b) | c) |
|---|---|---|
| ♠A K 6 4 3 | ♠7 4 | ♠8 3 |
| ♥8 2 | ♥8 5 2 | ♥K 7 2 |
| ♦9 7 5 | ♦K 8 4 | ♦A B 10 6 4 |
| ♣8 4 3 | ♣A 10 9 7 6 | ♣7 5 2 |

würden Sie mit “Zwei Pik”, “Drei Treff” und “Drei Karo” antworten. (Bei c) nicht mit “Zwei Karo”, weil Sie diese Ansage als Mitteilung benutzen, daß sie nicht genügend Punkte haben.)

Vielleicht meinen Sie nun, “ein As und ein König” schränke Sie zu sehr ein. Man kann es auch anders ausdrücken: Sie sollten damit “eineinhalb schnelle Stiche” sicher haben. Dabei können Sie die folgende Bewertungstabelle heranziehen:

| | | | |
|---|---|---|---|
| A K | (in derselben Farbe) | = | 2 schnelle Stiche |
| A D | (in derselben Farbe) | = | 1½ schnelle Stiche |
| K D | (in derselben Farbe) | = | 1 schneller Stich |
| A | | = | 1 schneller Stich |
| K | | = | ½ schneller Stich |

Die Idee der “schnellen Stichen” hilft uns (endlich!), die Frage zu klären, was wir brauchen, um mit “Zwei Treff” zu eröffnen. Bisher haben wir die negative Antwort “Zwei Karo” (schwaches Blatt) und die positiven Antworten behandelt. Letztere signalisieren eine gute Farbe und die geforderten 1½ (oder mehr) “schnellen Stiche”. Es gibt auch gemischte Blätter, zum Beispiel:

♠D 7 4
♥D 8 5 3
♦D B 7
♣B 8 2

Das sind acht Punkte. (Hätte Ihr Partner auf Einerhöhe eröffnet, wäre Ihnen sicherlich eine Antwort eingefallen.) Allerdings haben Sie überhaupt keine schnellen Stiche. Die Lösung? Sie antworten mit “2 SA”. Bridgespieler sind stets einfallsreich, wenn es gilt, Ansagen mit Namen zu versehen.

Eine “noch nicht positive”, aber “nicht mehr ganz negative” Antwort wird als “halb positiv” bezeichnet. Wenn Sie nun annehmen, die Ansage “2 SA” zeige sieben oder mehr Punkte, nicht aber die schnellen Stiche und die gute Farbe, die für eine positive Antwort erforderlich sind, so liegen Sie ziemlich richtig. Sie sollten sich merken, daß *beide Kriterien* erfüllt sein müssen, bevor Sie positiv antworten. Wenn Sie

♠A 7 2
♥K 6 4
♦8 6 2
♣9 5 4 3

zugeteilt bekommen und der Partner eröffnet mit den wunderschönen Worten “Zwei Treff”, verfügen Sie über die benötigten schnellen Stiche für eine positive Antwort, allerdings nicht auch noch über ein gutes Blatt. Es wäre also vernünftig, “2 SA” anzusagen.

Damit kommen wir zu einer anderen Art von Antwort des Partners. Es gibt Blätter, die zwar eine gute Farbe enthalten, aber keine schnellen Stiche ermöglichen. Zum Beispiel:

♠K D 10 7 5
♥7 3
♦B 6 2
♣8 5 2

Wenn der Partner mit “Zwei Treff” eröffnet, müssen Sie mit “Zwei Karo” antworten. Doch nach seiner Wiederansage von (beispielsweise) “Zwei Herz” können Sie Ihre Pik anzeigen und ihm mitteilen, daß Sie eine gute Pik-Farbe haben, jedoch die Bedingungen für eine positive Antwort nicht erfüllen.

Schließlich kann es auch sein, daß Ihnen ein schauderhaftes Blatt zugeteilt wird, etwa:

♠7 6 3
♥8 2
♦8 6 4 3
♣B 8 6 5

Schlimmer kann es kaum kommen! Wenn der Partner mit "Zwei Treff" eröffnet, ist Ihre erste Antwort unmißverständlich: "Zwei Karo". (Denken Sie daran: Einerlei, wie miserabel Ihr Blatt ist – wenn der Partner mit "Zwei Treff" eröffnet, dürfen Sie nicht passen. Er hat womöglich kein einziges Treff!) Jetzt bietet der Partner "Zwei Pik". Sie haben das Gefühl, daß Sie ihn mit nur drei kleinen Karten in dieser Farbe nicht sogleich unterstützen sollten. Andererseits haben Sie nichts im Blatt, was Sie dem Partner mitteilen möchten. In diesem Fall geben Sie auf Stufe 2 eine weitere negative Antwort: "2 SA". Verwechseln Sie diese Ansage aber nur ja nicht mit dem nächsten Gebot "2 SA", das ein halb positives Blatt zeigt. Nein, "2 SA" nach der ersten negativen Antwort "Zwei Karo" vervollständigt lediglich das Bild eines armseligen Blattes. Ihre Botschaft lautet: "Partner, ich haben keine hohe Karten, ich kann deine Farbe nicht unterstützen, und ich habe selbst keine Farbe, die anzuzeigen sich lohnen würde." Etwas Schlimmeres können Sie wirklich nicht sagen.

Wenn Sie nun aber glauben, Sie könnten dieses klägliche Blatt vergessen, muß ich Sie jedoch enttäuschen. Denn der Partner springt vielleicht auf "Drei Herz" und erwartet immer noch, daß Sie weiterbieten. Ungefähr alles, was Sie ihm jetzt noch sagen können, ist, daß Sie sein Pik *vorziehen* (die erste angesagte Farbe). Und das teilen Sie ihm mit, indem Sie "Drei

Pik" bieten. Sagt der Partner nun "Vier Pik" (Manche), können Sie mit gutem Gewissen passen.

Bei der "Zwei Treff"-Eröffnung geht es darum, daß es die Linie *verpflichtet*, eine Manche anzusagen. Nicht nur der Eröffner, sondern auch sein Partner: *beide* müssen so lange weiterbieten, bis eine Manche erreicht ist.

Dieser letzte Gesichtspunkt gibt Ihnen einen recht deutlichen Hinweis darauf, wie gut Ihr Blatt sein muß, um mit "Zwei Treff" zu eröffnen. Sie müssen tatsächlich stark genug sein, um eine Manche erreichen zu können, selbst wenn der Partner nur "ganz ausgeglichenen Schrott" hält. Und: Ihr Blatt muß eine ausreichende Zahl von schnellen Stichen ermöglichen. (Jetzt verstehen Sie, warum wir zuerst die Antwort und die Konzeption der schnellen Stichen behandelt haben.) Merken Sie sich als Leitlinie, daß Ihr Blatt mindestens fünf schnelle Stiche enthalten sollte. Es schadet allerdings nicht, wenn Sie auch dabei hin und wieder ein Auge zudrücken.

Die Eröffnung "Zwei Treff" hat also zwei *unerläßliche* Voraussetzungen: die Erwartung, das Spiel auch dann zu gewinnen, wenn der Partner schwache Karten hat, und fünf schnelle Stiche. Betrachten Sie diese drei Blätter:

| a) | b) | c) |
|---|---|---|
| ♠K D B 10 9 8 7 6 | ♠A 5 | ♠A K B 9 7 |
| ♥D B 10 9 8 | ♥A 7 3 | ♥A K D 10 5 |
| ♦Chicane | ♦A 6 2 | ♦K B 2 |
| ♣Chicane | ♣A K 6 4 2 | ♣Chicane |

Von a) können Sie zehn Stiche erwarten, wenn Pik Trumpf ist, aber es enthält nur einen schnellen Stich. Nicht gut genug für "Zwei Treff"!

b) enthält fünf schnelle Stiche, aber ohne kräftige Unterstützung des Partners sind die Aussichten auf eine Manche sehr gering. Ebenfalls nicht gut genug für "Zwei Treff"!

c) ermöglicht zwar nur 4½ schnelle Stiche, ist aber jene Art von Blatt, mit der ein Spiel leicht zu gewinnen ist, sofern dem Partner eine Ihrer Edelfarben auch nur ansatzweise gefällt.

Darum eröffnen Sie bei c) mit "Zwei Treff" und machen selbst nach der negativen Antwort "Zwei Karo" weiter, indem Sie Ihre zwei Edelfarben (zuerst Pik!) anzeigen und den Kontrakt schließen, sobald Sie wissen, welche Farbe Ihr Partner vorzieht.

Werfen wir zum Schluß einen Blick auf ausgeglichene Blätter, die einen guten Eindruck machen. Hier kommt es darauf an, daß Sie 23 oder mehr Punkte haben. Sie planen, die Wiederansage "Sans Atout" abzugeben, und die Stufe, die Sie wählen, setzt den Partner sehr gut ins Bild. Sehen Sie sich diese beiden Blätter an:

| a) | b) |
|---|---|
| ♠A B 5 | ♠A D 5 |
| ♥A K 7 2 | ♥A K 7 2 |
| ♦A K 6 | ♦A K 6 |
| ♣A 10 2 | ♣A D 2 |

In beiden Fällen eröffnen Sie sicherlich mit "Zwei Treff". Nach der erwarteten Antwort "Zwei Karo" lautet Ihre Wiederansage, wenn Sie Blatt a) haben, "2 SA", womit Sie ausgeglichene 23 oder 24 Punkte anzeigen. Mit Blatt b) geben Sie das Wiedergebot "3 SA" ab, um ausgeglichene 25 oder 26 Punkte anzudeuten.

Jetzt stellen Sie sich hoffentlich zwei Fragen. Erstens: “Was unternehme ich, wenn ich das Glück habe, ein ausgeglichenes Blatt mit 27 Punkten oder mehr zu bekommen?” Zunächst einmal: Das wird nicht allzuoft vorkommen, es sei denn, Sie sind ein richtiger Glückspilz! Wenn Sie allerdings mit “Zwei Treff” begonnen haben, können Sie anschließend immer eine Farbe ansagen und die Linie dadurch zur Manche verpflichten. Zweitens: “Wie kann ich mit einem ausgeglichenen Blatt und 23 oder 24 Punkten eine Manche erreichen, wenn der Partner, soviel ich weiß, ein schwaches Blatt hat?” Ich will Ihnen ein Geheimnis verraten: Obwohl die Eröffnung “Zwei Treff” *normalerweise* garantiert, daß eine Manche lizitiert wird, gibt es eine Ausnahme, die es Ihnen erlaubt, auf die Bremse zu treten. Wenn Sie mit “Zwei Treff” eröffnen, die Antwort “Zwei Karo” hören und Ihre Wiederansage “2 SA” ist, um Ihre ausgeglichenen 23 bis 24 Punkte anzuzeigen, *darf* Ihr Partner passen. Er braucht allerdings eine sehr gute Entschuldigung, wenn er es tut, denn schon ein paar Buben würden genügen, um die Einladung zur Manche anzunehmen.

Fassen wir zusammen. Das stärkste Eröffnungsgebot – “Zwei Treff” – muß zwei Voraussetzungen erfüllen: hinreichend Spielstärke, um mit dem eigenen Blatt eine Manche zu erreichen, und mindestens fünf schnelle Stiche *oder* mindestens 23 Figurenpunkte.

Mögliche Antworten auf “Zwei Treff” sind:

1. “Zwei Karo” (negativ), gefolgt von einer benachbarten Farbe oder einer zweiten negativen Antwort (das simpelste Gebot in Sans Atout).

2. “Zwei Herz”, “Zwei Pik”, “Drei Treff”, “Drei Karo” – alle “positiv” und “normal”, alle mit dem Hinweis auf eine gute Farbe und mindestens 1½ schnelle Stiche.
3. “2 SA” – eine Ansage, die mindestens sieben Punkte in einem ziemlich ausgeglichenen Blatt anzeigt, aber auch ein Blatt ohne lange Farbe und die schnellen Stiche, die man beide für eine uneingeschränkt positive Antwort benötigt.

Bevor wir das Thema “starke Blätter” abschließen, wollen wir uns noch mit einem letzten Problem befassen. Zu Beginn dieses Kapitels haben wir das folgende Blatt betrachtet:

♠A K D 10 7 4
♥A 6 3
♦A D 5
♣2

Überlegen Sie, welche der oben beschriebenen Möglichkeiten Sie haben. Wenn Sie mit “Zwei Treff” eröffnen (Sie haben 4½ schnelle Stiche und eine gute Farbe), werden Sie Schiffbruch erleiden, falls das Blatt Ihres Partners etwa so aussieht:

♠8 6 3
♥10 8 4 2
♦8 4 2
♣B 9 3

Die Lizitation wird wie folgt verlaufen: “Zwei Treff” – “Zwei Karo” (negativ); “Zwei Pik” – “2 SA” (zweite negative Antwort); “Drei Pik” – “Vier Pik” (nichts anzuzeigen, und die Linie ist zur Kontrakterfüllung verpflichtet). Jetzt sitzen Sie also mit “Vier Pik” fest und haben nicht die geringste Chance auf Erfolg. Denn unabhängig davon, wie gut Sie spielen, werden Sie unweigerlich einen Stich in Treff, zwei in Herz und mindestens einen in Karo verlieren. Darum müssen wir, wenn auch widerstrebend, die Idee aufgeben, angesichts dieses Blattes mit “Zwei Treff” zu eröffnen. Es ist einfach nicht stark genug!

Die einzige Alternative, der wir bisher begegnet sind, ist die Eröffnung “Ein Pik”. Dabei könnte aber das Problem auftreten, daß der Partner ein Blatt wie dieses hat:

♠8 6 3
♥K 5 4 2
♦7 3
♣10 9 4 3

Hier stellen sich zwei Fragen:

1. Was würde der Partner auf “Ein Pik” antworten? Ohne jeden Zweifel “Passe”!
2. Wie viele Stiche machen Sie, nachdem der Partner gepaßt hat?

Obwohl alles schiefgehen könnte (z. B. wenn sämtliche vier fehlenden Trümpfe in einer Hand sind), können Sie normalerweise erwarten, sechs Stiche mit Pik, zwei mit Herz und einen mit dem Karo-As zu gewinnen und ein Karo mit Trumpf zu stechen, um den zehnten Stich zu machen. Nicht nur das – mit dem Ausspiel vom Dummy haben Sie eine Chance auf ein Schneiden mit Karo. Wenn Sie damit erfolgreich sind, stehen Sie plötzlich – peinlich genug für Sie – elf Stichen gegenüber. Peinlich nämlich dann, wenn Sie bei “Ein Pik” aufgehört haben zu reizen und Ihnen dadurch eine leichte Manche entgangen ist.

Wir benötigen offensichtlich eine Eröffnungsansage zwischen “Zwei Treff”, die eindeutig darauf besteht, eine Manche zu gewinnen, und einer Eröffnung auf Stufe 1. Die Lösung ist "Zwei Pik", "Zwei Herz" oder "Zwei Karo" (natürlich nicht "Zwei Treff", dem wir eine besondere Bedeutung gegeben haben und das nicht unbedingt etwas mit Treff im Blatt zu tun hat). Obwohl wir ein ausgezeichnetes Beispiel für eine Eröffnung auf Zweierhöhe erörtert haben, ist es ratsam, noch einige Hinweise zu geben.

Die Eröffnung einer Farbe auf Zweierhöhe läßt auf eine *gute* Farbe mit Sechserlänge schließen – und auf die Erwartung, acht oder neun Stiche zu machen, selbst wenn der Partner nur Ramsch im Blatt hat. Es signalisiert außerdem ein Blatt mit einer recht guten Anzahl schneller Stiche. Angenommen, Ihnen wurde dieses Blatt zugeteilt:

♠K D B 10 9 8 7 6 5
♥4 3
♦7
♣9

Dies ist *keine* "Zwei Pik"-Eröffnung. Obwohl Sie mit acht Stichen rechnen können, wenn Pik Trumpf wird, hat das Blatt nicht annähernd die Qualität, die Sie benötigen, um auf Stufe 2 zu eröffnen. Das gilt auch für:

♠A K 7 6 4
♥A K 7 3
♦2
♣A 5 4

Es ist ein ganz hübsches Blatt – nur ist es eher unwahrscheinlich, daß Sie damit eine Manche gewinnen, es sei denn, der Partner kann antworten, falls Sie auf "Ein Pik" eröffnen.

So wie man auf “Zwei Treff” die negative Antwort “Zwei Karo” gibt, so kann man auch auf ein beliebiges Gebot auf Zweierhöhe negativ antworten, nämlich mit “2 SA”. Der entscheidende Unterschied besteht darin, daß ein Gebot auf Zweierhöhe (außer “Zwei Treff”) nicht zur Manche zwingt und daß die Lizitation abgebrochen werden kann.

| Sie besitzen jetzt dieses Blatt: | Ihr Partner hat: |
|---|---|
| ♠A K D 10 7 4 | ♠8 6 3 |
| ♥A 6 3 | ♥K 5 4 2 |
| ♦A D 5 | ♦7 3 |
| ♣2 | ♣10 9 4 3 |

Nun nimmt die Lizitation den Verlauf: “Zwei Pik” – “2 SA”; “Drei Pik” – “Vier Pik”. Nehmen wir an, der Antwortende sieht das folgende Blatt:

♠8 6 3
♥10 8 4 2
♦8 4 2
♣B 9 3

Dann wird so gereizt: “Zwei Pik” – “2 SA”; “Drei Pik” – “Passe”.

Es gibt noch eine letzte Schwierigkeit. Nehmen wir an, Sie haben das folgende Blatt bekommen:

♠A 6 3
♥A D 5
♦4
♣A K D 10 7 3

Wie würden Sie hier eröffnen? Wenn Ihre lange Farbe nicht ausgerechnet Treff wäre, würde das Blatt eine Eröffnung auf

Zweierhöhe rechtfertigen. Leider gilt das nicht, wenn Treff Ihre lange Farbe ist, denn "Zwei Treff" hat ja eine spezielle Bedeutung. Das ist eben der Nachteil einer künstlichen Ansage, da Sie diese in ihrer ursprünglichen Bedeutung nicht verwenden können. Wenn Sie dieses Blatt haben, können Sie höchstens mit "Ein Treff" eröffnen und hoffen, daß die Reaktion darauf nicht dreimal "Passe" ist!

In der Regel haben Sie nicht viel zu befürchten. Selbst wenn der Partner keine Antwort auf "Ein Treff" finden kann, kommen Ihnen oft die Gegner zu Hilfe. Und wenn es zum Schlimmsten kommt und "Ein Treff" gespielt wird, können Sie sich damit trösten, daß Sie wohl ohnehin keine Manche gewonnen hätten. Und Sie können immerhin etwas anschreiben.

# KAPITEL 13

## DIE STAYMAN- UND DIE BLACKWOOD-KONVENTION

Nach der Einführung ins konventionelle Bieten – mit der Eröffnung "Zwei Treff" – wollen wir uns mit zwei anderen allgemein gebräuchlichen Konventionen befassen: *Stayman* und *Blackwood*. Selbst wenn Sie und Ihr Partner nicht die Absicht haben, diese anzuwenden, ist es doch nützlich, wenigstens zu wissen, worum es dabei geht. Beide sind nach amerikanischen Spielern benannt. Letztere mit Recht, weil Easely Blackwood sie erdacht hat, erstere dagegen mit weniger Berechtigung, weil sie von einem englischen Spieler erfunden, von einem anderen Engländer weiterentwickelt und schließlich von dem Amerikaner Samuel Stayman veröffentlicht wurde. So ist das Leben ...

Wie bei der Erörterung der künstlichen Eröffnung "Zwei Treff" wollen wir uns auch hier einige Blätter ansehen und untersuchen, welche Folgen eine völlig normale Ansage hätte. Wenn das Ergebnis bei ganz gewöhnlichen und häufig vorkommenden Blättern unbefriedigend ist, liegt es nahe, zu prüfen, ob wir mit einer künstlichen Ansage den richtigen Kontrakt herbeiführen können. Nehmen wir diese Blätter als Beispiel:

| *WEST* | *OST* |
|---|---|
| ♠K D 6 4 | ♠B 10 5 2 |
| ♥A 7 2 | ♥B 5 |
| ♦D 10 8 | ♦K B 9 7 |
| ♣K 7 3 | ♣A D B |

Was würden Sie daraus machen? West kann mit "1 SA" eröffnen, Ost kann auf "3 SA" springen. Wie aber schätzen Sie Ihre Chance ein, Ihren Kontrakt nach einem Herz-Ausspiel zu erfüllen? Doch wohl als sehr gering! Um neun Stiche zu machen, müssen Sie sich mit Pik und Karo durchsetzen (indem Sie die Asse der Gegenseite herausboxen). Inzwischen haben die Gegner mit ihren zwei Assen und mit mindestens drei Herz Stiche gewonnen.

Gibt es einen besseren Spielkontrakt? Ja – "Vier Pik" ist zwar auch keine völlig sichere Sache, aber doch vielversprechender. Die einzigen Stiche, die Sie mit Sicherheit verlieren werden, sind die zwei fehlenden Asse und *nur* ein Stich mit Herz. Denn Ost kann mit Pik trumpfen, wenn die Verteidiger zum drittenmal Herz spielen. Trotzdem – mit den bisher besprochenen Methoden allein können Sie niemals "Vier Pik" erfüllen. Denken Sie daran, daß nach einer Eröffnung mit "1 SA" die Antwort "Zwei Pik" mindestens fünf Pik anzeigt und den Partner zum Passen auffordert, während "Drei Pik" zwar zur Manche auffordert, aber ebenfalls mindestens fünf Pik-Karten garantiert.

Die Stayman-Konvention ist dafür eine nützliche Lösung. Wenn Sie darauf vorbereitet sind, auf die Antwort "Zwei Treff" nach "1 SA" als normale Antwort zu verzichten (es erübrigt sich wohl, zu sagen, daß Sie die Konvention mit Ihrem Partner abgesprochen haben), können Sie mit "Zwei

Treff" antworten. Damit sagen Sie dem Eröffner: "Entspann dich. Ich habe alles im Griff. Ich weiß, was du hast, nämlich ein ausgeglichenes Blatt mit 13-15 Punkten. Aber ich möchte gerne wissen, ob du entweder vier Herz oder vier Pik im Blatt hast. Wenn ja, könnte es für uns eine bessere Alternative als Sans Atout geben."

Ihre Antworten auf diese konventionelle "Zwei Treff"-Antwort sind zahlenmäßig sehr begrenzt:

"Zwei Herz" bedeutet: "Ich habe vier Herz im Blatt."
"Zwei Pik" bedeutet: "Ich habe vier Pik" im Blatt."
"Zwei Karo" bedeutet: "Es tut mir leid, dich zu enttäuschen, Partner. Aber ich habe weder vier Pik noch vier Herz."

Beachten Sie, daß "Zwei Karo" eine konventionelle Antwort auf die "Zwei Treff"-Anfrage Ihres Partners ist. Sie verspricht keine Länge in Karo, sondern verneint lediglich Viererlängen in beiden Majorfarben.

Vielleicht liegen Ihnen jetzt zwei Fragen auf der Zunge:

1. Was tue ich, wenn ich in beiden Edelfarben Viererlängen habe und mit "1 SA" eröffne?
   *Antwort*: Das spielt keine Rolle. Sagen Sie eine von ihnen an!
2. Was tue ich, wenn ich auf das "1 SA" des Partners mit "Zwei Treff" antworten möchte, weil ich ein schwaches Blatt und eine lange Treff-Farbe habe?
   *Antwort*: Sie haben die Wahl. Wenn Sie völlig sicher sind, daß Treff Trumpf sein sollte, können Sie zum Beispiel mit

♠7 4
♥3 2
♦K 7
♣D B 9 8 7 6 5

“Zwei Treff” bieten und dann mit “Drei Treff” weitermachen. Damit verkünden Sie, daß Sie bei “Drei Treff” bleiben wollen. Wenn Sie aber mit

♠7 4 2
♥5 3 2
♦K 7
♣D B 9 8 7

anfangen, sind Sie nicht zu einem Kontrakt “Drei Treff” bereit und passen nach “1 SA”. Das mag nicht der beste aller möglichen Kontrakte sein – aber was können Sie sonst tun? Wenn Sie sich erst einmal darauf geeinigt haben, daß eine bestimmte Ansage eine konventionelle Bedeutung hat, können Sie sie nicht mehr in ihrem ursprünglichen Sinn verwenden.

Es gibt noch eine dritte Frage, die schwieriger zu beantworten ist: Wie viele Punkte brauchen Sie, bevor Sie die Stayman-Konvention anwenden können? Die Antwort lautet (auch wenn es seltsam erscheinen mag): Sie benötigen dafür keine bestimmte Punktzahl. Aber (und das ist der kritische Punkt) Sie müssen imstande sein, vernünftig zu reagieren, unabhängig davon, für welche von drei möglichen Antworten (“Zwei Herz”, “Zwei Pik” oder “Zwei Karo”) sich Ihr Partner auch entscheidet.

Mit dem Blatt

♠B 10 5 2
♥B 5
♦K B 9 7
♣A D B

fällt es Ihnen leicht, "Zwei Treff" zu antworten. Wenn der Partner so freundlich ist, mit Pik weiterzumachen, schließen Sie den Kontrakt. Bietet der Partner entweder "Zwei Herz" oder "Zwei Karo", wechseln Sie zu "3 SA" – zu jener Ansage, die Sie auf Stufe 1 ohnehin gemacht hätten, wenn Sie nicht die Stayman-Konvention anwenden würden.

Jetzt nehmen wir Ihnen ein oder zwei Punkte weg. Sie haben folgendes Blatt:

♠B 10 7 3
♥A D 6 5
♦A 7
♣10 9 4

Ihr Partner eröffnet mit "1 SA", und Sie antworten "Zwei Treff", in der Hoffnung, daß er "Zwei Pik" oder "Zwei Herz" sagt oder sogar auf Stufe 3 hebt, um eine Manche zu spielen, wenn er bei seiner Eröffnung "1 SA" 13-15 Punkte hatte. Wenn er keine Majorfarbe hat und "Zwei Karo" ansagen muß, gehen Sie auf "2 SA" zurück. Damit drücken Sie aus, daß Sie "1 SA" immer auf "2 SA" heben und "Zwei Treff" nur auf dem Weg dahin bieten, und zwar für den Fall, daß es einen besseren Kontrakt geben sollte. Wenn der Partner ein optimales Blatt hat, hebt er auf "3 SA"; wenn sein Blatt nur die Mindestvoraussetzungen erfüllt, paßt er hingegen.

Es gibt auch hier einige Fallen (Hätten Sie etwas anderes erwartet?). Lassen Sie Ihr Blatt so aussehen:

♠B 10 7 3
♥A D 6 5
♦D 7
♣10 9 4

Schon halten Sie es vielleicht für ratsam, "Zwei Treff" nach "1 SA" zu bieten. Das ist in Ordnung, wenn Ihr Partner eine Edelfarbe ansagt – dann passen Sie, weil Sie keine echte Chance haben, die Manche zu gewinnen. Aber Sie sitzen sofort in der Falle, wenn er "Zwei Karo" bieten muß. Es wäre töricht zu passen, und "Zwei Herz" oder "Zwei Pik" zu bieten würde auf eine längere Farbe hindeuten. Ihnen bliebe nichts anderes übrig, als "2 SA" anzusagen – aber damit steuern Sie unweigerlich auf eine Katastrophe zu. Wenn der Partner ein Minimalblatt hat und paßt, haben Sie nur geringe Aussichten, acht Stiche zu machen. Hat er ein optimales Blatt und erhöht er auf "3 SA", ist es unwahrscheinlich, daß Sie neun Stiche erreichen. Sie können eben keine Stiche ohne Substanz machen!

Bedeutet das, daß Sie immer elf Punkte haben müssen, um die Stayman-Konvention anwenden zu können? Keineswegs. Die Antwort wäre nur dann "ja", wenn Sie ein ziemlich ausgeglichenes Blatt hätten. Nehmen wir aber an, Ihr Blatt wäre dieses:

♠B 7 4 3
♥10 8 6 2
♦10 9 7 6 3
♣Chicane

Wenn Sie nicht die Stayman-Konvention anwenden würden, müßten Sie “Zwei Karo” nach “1 SA” ansagen. Natürlich rechnen Sie nicht damit, diesen Kontrakt zu erfüllen. Es ist aber mit Sicherheit besser, vielleicht zwei Faller bei “Zwei Karo” zu haben, als untätig zuzusehen, wie der Partner in einem völlig aussichtslosen SA-Kontrakt ungefähr viermal down geht. Und wenn Sie Glück haben, greift ein Gegner in die Lizitation ein, und Ihre Linie ist aus dem Gröbsten heraus.
Könnte Ihnen die Stayman-Konvention hier helfen? Ihr Partner hat nur drei Möglichkeiten zu reizen: “Zwei Pik”, “Zwei Herz” oder “Zwei Karo”. In den beiden ersten Fällen passen Sie, in der Hoffnung, daß Sie mit Ihrem Blatt mindestens ein paar Stiche machen, da Sie ja eine Farbe gefunden haben, die Ihnen beiden zusagt. (Es ist höchst unwahrscheinlich, daß Ihr eigener Ramsch dem Partner bei Sans Atout helfen kann.)
Nach der Ansage “Zwei Karo” passen Sie, obwohl der Partner keine Karofarbe angezeigt hat – und Ihre Lage ist auch nicht schlimmer, als wenn Sie selbst “Zwei Karo” geboten hätten!
Die entscheidende Regel, die Sie sich unbedingt merken müssen, lautet: *Wenden Sie die Stayman-Konvention nur an, wenn Sie mit den drei möglichen Antworten des Partners zurechtkommen.*

Wir können dasselbe Verfahren auch nach der Eröffnung “2 SA” anwenden. Es gibt dazu verschiedene Möglichkeiten. Eine ebenso elegante wie einfache Lösung besteht darin, “Drei Treff” nach “2 SA” anzusagen, so wie Sie (von jetzt an) “Zwei Treff” nach “1 SA” antworten. Dabei müssen Sie jedoch beachten, daß jede Antwort auf “2 SA” Ihre Linie zur Manche verpflichtet. Die einzige Möglichkeit zu bremsen besteht darin, daß Sie nach der “2 SA”-Eröffnung passen!

Vielleicht begegnen Ihnen einmal diese Blätter:

| *WEST* | *OST* |
|---|---|
| ♠K D 7 4 | ♠B 10 8 5 |
| ♥A 6 3 | ♥7 2 |
| ♦A K 8 | ♦D 6 3 |
| ♣A B 5 | ♣K 10 9 2 |

Sie können sich zu “3 SA” verpflichten, wenn die fehlenden Herz 3:2 verteilt sind und wenn Sie erraten, welcher Gegenspieler die Treff-Dame hält. Die Erfolgsaussichten sind allerdings nicht hoch. Mit “Vier Pik” haben Sie dagegen ausgezeichnete Chancen, selbst wenn Sie einen Stich an die Treff-Dame abgeben. Sie können sich diesen Kontrakt sichern, indem Sie nach der “2 SA”-Eröffnung gemäß der Stayman-Konvention mit “Drei Treff” antworten. Der Partner zeigt seine Pik an, und mit sechs Punkten und der Bestätigung, daß vier starke Pik vorhanden sind, erhöhen Sie auf “Vier Pik” und spielen um die Manche.

Denken Sie bei beiden Eröffnungen – “1 SA” und “2 SA” – daran, daß die Stayman-Konvention vor allem dem Zweck dient, herauszufinden, ob Ihre Linie in einer Edelfarbe über die geeignete Kartenverteilung (4:4) verfügt. Wenn Sie selbst fünf oder mehr Karten in einer Edelfarbe halten, ist es nicht gerade sinnvoll, den Partner zu fragen, ob er vier besitzt.

Um Ihr Gedächtnis aufzufrischen, betrachten wir das folgende Blatt:

♠6
♥A D 7 5 2
♦B 10 9 3
♣8 5 2

Ihr Partner eröffnet mit “1 SA”. Sie bieten “Zwei Herz”. Punktum!

Mit dem Blatt

♠6<br>♥A D 7 5 2<br>♦B 10 9 3<br>♣A K 4

sagen Sie “Drei Herz” an. (Das bedeutet: “Wenn du drei oder mehr Herz hast, Partner, unterstütze mich bitte!”)

Und mit

♠6<br>♥A D 7 5 4 2<br>♦B 10 9 3<br>♣A 6

bieten Sie einfach “Vier Herz”. (Da Ihr Partner mit “1 SA” eröffnet hat, muß er mindestens zwei Karten in dieser Farbe haben.)

Wichtig ist, daß Sie stets nach einer Farbe suchen, in der Ihre Linie wenigstens acht Karten besitzt.

Mit

♠6<br>♥A D 7 5<br>♦B 10 9 3<br>♣A K 4 2

wenden Sie am besten die Stayman-Konvention an. Nur so können Sie herausfinden, ob der Partner vier Herz hat.

Die Blackwood-Konvention ist vielleicht noch beliebter als die Stayman-Konvention. Ihr Hauptnachteil ist: Jeder kann sie in Sekundenschnelle verstehen. Deshalb stünden die meisten Spieler wahrscheinlich sowohl hinsichtlich ihrer Laune als auch ihrer Finanzen besser da, wenn sie nie davon gehört hätten. Es ist in der Tat eine gute Konvention. Aber wirklich nur dann, wenn Ihre Karten dafür geeignet sind!

Sehen wir uns zunächst die technische Seite an, und überlegen wir uns anschließend, auf welches Blatt und in welcher Situation die Konvention anwendbar ist.

Wenn Sie und Ihr Partner einen Slam erwägen (einen erfüllten Kontrakt auf Stufe 6 oder sogar 7 mit Prämien), ist es oft nützlich, herauszufinden, wie viele Asse Ihre eigene Linie hat. Nichts ist peinlicher, als einen Slam anzusagen und dann zuschauen zu müssen, wie der Gegner die ersten zwei Stiche macht!

Die Blackwood-Konvention wird durch die Ansage "4 SA" eines Partners aktiviert. Natürlich nicht als Eröffnung, sondern erst, wenn klar ist, a) welche Farbe Trumpf wird, b) daß Sie völlig risikolos über die Manche-Stufe hinausgehen können und c) daß Sie lediglich wissen möchten, wie viele Asse der Partner hält.

Die Konvention wird wie folgt angewandt: Wenn ein Spieler "4 SA" ansagt, antwortet sein Partner nach der folgenden Tabelle:

"Fünf Treff" heißt: "Ich habe kein As".
"Fünf Karo" heißt: "Ich habe ein As".
"Fünf Herz" heißt: "Ich habe zwei Asse".
"Fünf Pik" heißt: "Ich habe drei Asse".

Ganz einfach, oder? Sie können es an Ihren Fingern abzählen! Wenn Sie wissen möchten, wie viele Könige Ihr Partner hält, können Sie weiterreizen und "5 SA" sagen. Der Partner antwortet genau nach demselben Muster, allerdings eine Stufe höher.

Vier Dinge müssen Sie unbedingt beachten:

1. Wenn Sie Ihrer Ansage “4 SA” die weitere Ansage “5 SA” folgen lassen, fragen Sie nicht nur nach Königen, sondern garantieren, daß Ihre Linie alle vier Asse hält.
2. Auch wenn Sie die vier Asse selbst besitzen, müssen Sie das Schema durchspielen: Sie bieten erst “4 SA” (worauf Sie die überraschende Information erhalten, daß der Partner kein As hält!), dann erst erkundigen Sie sich nach den Königen.
3. Sie können nicht mit “6 SA” nach den Damen fragen! Denn einerlei, wie der Partner antwortet – Sie landen immer bei “Sieben in irgendeiner Farbe”.
4. Was tun Sie, wenn der Partner sich nach den Assen erkundigt und Sie selbst alle vier halten? Die Antwort ist überraschend: Sie sagen “Fünf Treff” an – genau dasselbe Gebot, das Sie abgeben, wenn Sie kein As haben. Wenn Sie darüber nachdenken, sehen Sie, daß der Partner unmöglich an einem Slam interessiert sein kann, wenn Ihre Linie kein As hält. Er weiß immer, ob Ihre Antwort “null” oder “vier” bedeutet. Früher zeigte man mit “5 SA” vier Asse an, aber es ist besser, “Fünf Treff” zu verwenden. Wenn der “4 SA”-Bieter will, kann er weiterreizen und sich nach den Königen erkundigen. Diese Möglichkeit hätte er nicht, wenn Sie mit “5 SA” geantwortet hätten.

Ein Beispiel für die Vorteile dieser Konvention ist dieses Blatt:

♠3
♥K D 10 6 5
♦4
♣A K B 9 6 4

Sie eröffnen mit “Ein Treff”. Ihr Partner antwortet “Ein Karo”, und Ihre Wiederansage lautet “Ein Herz”. Sie sind angenehm überrascht, als der Partner Sie auf “Vier Herz” hebt. Die Botschaft ist klar: Er glaubt, Sie können die Manche ereichen, selbst wenn Ihre Eröffnung auf ein schwaches Blatt hindeuten sollte (was hier nicht der Fall ist). Das Problem besteht darin, daß Sie nicht ganz sicher sind, was der Partner hält. Hier sind drei Blätter, die zu seiner Ansage passen:

| | | |
|---|---|---|
| a) ♠A 6 2 | b) ♠A 6 2 | c) ♠K B 2 |
| ♥A 9 8 5 | ♥A 9 8 5 | ♥A 9 8 5 |
| ♦A 10 8 2 | ♦K B 8 2 | ♦K B 8 2 |
| ♣D 5 | ♣D 5 | ♣D 5 |

Jedes Blatt hat gleich viele Figurenpunkte, und die Karten sind gleich verteilt. Wenn Ihr Partner Blatt a) hat, machen Sie leicht 13 Stiche, und die Prämien für einen großen Slam sind beträchtlich. Hält der Partner dagegen Blatt b), verlieren Sie einen Stich – aber nicht mehr – an das Karo-As; darum ist “Sechs Herz” ein ausgezeichneter Kontrakt. Wenn der Partner Blatt c) hat, haben Sie keine Aussichten auf einen Slam, denn die Gegner können (und werden vermutlich) schnell ihre Asse ausspielen.

Die Gefahr besteht – wie gesagt – darin, daß die Blackwood-Konvention so einfach ist.

Angenommen, Sie halten

♠K D B 7 4
♥8 3
♦A K B 9 6
♣A

und eröffnen mit "Ein Pik". Ihr Partner springt auf "Vier Pik", und Sie sind vielleicht versucht, ihn nach seinen Assen zu fragen. Es wäre schön, wenn er zwei davon hätte – einen kleinen Slam hätten dann Sie fast sicher, auch ein Großer Slam läge im Bercich des Möglichen. Nehmen wir an, er antwortet mit "Fünf Karo", zeigt also ein einziges As an. Wenn er

♠A 10 9 4
♥D B 10 5
♦2
♣K D B 6

hält, haben Sie gegen Herz-As und Herz-König schon verloren, bevor Sie überhaupt anfangen. Also beschließen Sie, bei "Fünf Pik" aufzuhören. Es stellt sich heraus, daß der Partner

♠A 10 9 4
♥K D B 6
♦2
♣D B 10 6

hält und daß Sie leicht "Sechs Pik" hätten erfüllen können.

Ich hoffe, Sie haben erkannt, worauf es ankommt. Die Blackwood-Konvention hilft Ihnen nur weiter, wenn Sie wissen wollen, *wie viele Asse* Ihr Partner hat, aber nicht, wenn Sie wissen möchten, *welches* As er hält. Ich habe Sie gewarnt!

# KAPITEL 14

## WAS IHNEN NOCH BEVORSTEHT ...

Sie sind uns einen langen Weg gefolgt, und Sie haben dabei eine Menge gelernt. Sie können die Lizitation eröffnen, Sie können antworten, und Sie können eine Wiederansage machen. Sie wissen, wann es ratsam ist, Sans Atout zu spielen, statt Ihre beste Farbe zum Trumpf zu machen. Sie haben verschiedene Methoden kennengelernt, um Stiche sowohl in SA- wie auch in Trumpfkontrakten vorzubereiten. Sie wissen, wie eine Linie ihre Ansagen nutzt, um zu prüfen, ob sie stark genug ist, eine Manche zu bieten. Und Sie wissen etwas über das Anschreiben. Außerdem ist Ihnen bekannt, wie Sie mit einem starken Blatt umgehen, wenn Sie das Glück haben, eines zu bekommen, und Sie haben die drei am häufigsten gespielten künstlichen Ansagen kennengelernt: die Eröffnung mit "Zwei Treff", die Stayman-Konvention "Zwei Treff" als Antwort auf "1 SA" und die Blackwood-Konvention. Auf dieser Grundlage können Sie beginnen, Bridge zu spielen und das Spiel zu genießen. Und Sie werden wahrscheinlich imstande sein, eine ganze Reihe von Artikeln zu verstehen, die Sie in entsprechenden Magazinen finden.

Mehr noch – Sie haben jetzt ein solides Fundament, um Bücher für Fortgeschrittene über Bridge zu lesen. Dieses Buch will lediglich eine "Starthilfe" sein. Allein in englischer Sprache wurden Tausende von Bridgebüchern geschrieben, sowohl über die Lizitation als auch über das Spiel. (Englisch ist übrigens die international gebräuchliche Bridgesprache.

Wenn Sie zum Beispiel an einem internationalen Wettbewerb in Venezuela teilnehmen, werden alle Ansagen in Englisch gemacht.) Sie werden feststellen, daß die meisten anderen Bücher viel komplizierter sind. Selbst wenn diese mit dem Ziel geschrieben wurden, Anfänger zu unterrichten, wird damit meist viel zu tief in die Spieltheorie eingestiegen. Das kann die Leser nur abschrecken, noch bevor das Spiel richtig begonnen hat. Glauben Sie nicht, Sie könnten nie ein guter Spieler werden! Üben Sie beharrlich die ersten Schritte. Später, mit etwas Erfahrung, können Sie damit beginnen, über ein paar Ideen nachzudenken, die ich hier nur andeuten möchte. Keine Angst, es ist nur ein kurzer Abriß, der Ihnen zeigen soll, wonach Sie Ausschau halten müßten, falls Sie beschließen, sich näher mit Bridge zu befassen. Betrachten Sie die folgenden Zeilen als Leseliste! Sie ist kein Muß, aber Sie werden sehen, daß sie Ihnen nützt. Auf Details wird verzichtet, da ich nur Ihren Appetit anregen möchte ...

1. Wie setzt man hohe Karten zur Verteidigung ein? Das ist immer problematisch, denn Sie kennen das Blatt des Partners nicht, und Sie haben nie sehr viele starke Karten, zum Experimentieren.
2. Signalisieren und Abwerfen. Vielleicht glauben Sie, die Verteidiger müßten einen einsamen Kampf führen. Durchaus nicht! Es gibt Mittel und Wege, Botschaften auszutauschen und sich gegenseitig darüber zu informieren, ob man mit einer Entscheidung des Partners (z. B. mit der Wahl des Ausspiels) einverstanden ist oder nicht. Damit meine ich nicht den finsteren Blick, das jähe Einatmen oder das erfreute Lächeln und Nicken, für das manche Spieler bekannt sind. Nein, es gibt lega-

lere und verläßlichere Methoden. Ähnliches gilt, wenn Sie Karten abwerfen müssen (weil Sie die Farbe nicht mehr bedienen können). Das ist oft sehr ärgerlich. Aber wenn Sie dem Partner auf diese Weise etwas mitteilen können, ist vielleicht noch nicht alles verloren.

3. Es gibt noch ein großes Problem: Die Teilnahme am Reizen, nachdem die Gegner eröffnet haben. Plötzlich ändert sich die Sachlage um eine entscheidende Nuance. Denn wenn die andere Seite erst einmal eröffnet hat, sind Ihre Aussichten, das Spiel zu machen, sehr begrenzt. Ansagen haben also viel eher einen defensiven Charakter als Eröffnungen. Wenn der Spieler zu meiner Rechten beispielsweise mit "Ein Herz" eröffnet und ich mit "Ein Pik" einsteige, rechne ich nicht damit, daß mein Partner eine Manche anstrebt. Vielleicht mit einer guten Farbe – aber nicht unbedingt mit einem Figurenwert von 13 Punkten. Wenn Sie ein gutes Blatt haben, gibt es ein Strafkontra, das Ihnen oft helfen kann.

Wenn Sie nun glauben, dies seien alle Aspekte des Spiels, die wir nicht behandelt haben, sind Sie ein Optimist. Es gibt noch viele andere. Warten Sie nur ab, bis Sie Ihr nächstes Blatt zugeteilt bekommen.

# GLOSSAR

***Abwerfen:*** Wenn Sie eine Farbe nicht mehr bedienen können und nicht trumpfen wollen oder können, dürfen Sie jede andere Karte spielen. Das nennt man "abwerfen", weil diese Karte keine Chance hat, den Stich zu machen.
***Alleinspieler:*** Der Spieler einer Linie, der zuerst Sans Atout oder die Farbe ansagt, die am Ende Trumpf wird. Dieser Spieler spielt mit der "Hand" und dem "Tisch".
***Ansage:*** Jedes Gebot in der Lizitation, auch "Passe", "Kontra" und "Rekontra".
***Anschreiben:*** Das Spielergebnis in den Spalten "We" und "They" auf dem Bridgeblock notieren. Siehe *Unter dem Strich.*
***Ausgeglichenes Blatt:*** Ein Blatt ohne Längen und Kürzen in den Farben. Typisch dafür ist eine Verteilung 4:3:3:3 oder 4:4:3:2.
***Benachbarte Farben:*** In der Rangfolge nebeneinander liegende Farben, z. B. Herz und Pik, nicht aber Herz und Treff.
***Bieten:*** Ein Gebot abgeben, eine Ansage machen, reizen, lizitieren.
***Blackwood-Konvention:*** Eine beliebte, (aber oft mißbrauchte) künstliche Ansage. Sie beginnt mit der Anfrage "4 SA" für die Asse und kann mit "5 SA" für die Könige fortgesetzt werden.
***Chicane:*** Eine im Blatt fehlende Farbe.
***Doubleton:*** Genau zwei Karten in einer Farbe.

***Down:*** Wenn es dem Alleinspieler nicht gelingt, seinen Kontrakt zu erfüllen. Die fehlende Stiche werden "Downs", "Faller" oder "Unterstiche" genannt.
***Dummy:*** Siehe *Strohmann.*
***Edelfarben:*** Pik und Herz, die unter dem Strich für jeden angesagten und erfüllten Kontrakt je 30 Punkte bringen (für erfüllte, aber nicht angesagte Kontrakte 30 Punkte über dem Strich).
***Eröffnung:*** Die erste Ansage in der Lizitation (siehe dort).
***Eröffnungs-Ausspiel:*** Die erste, das Spiel in Gang bringende Karte. Sie wird immer vom Spieler zur Linken des Alleinspielers ausgespielt.
***Faller:*** Siehe *Down.*
***Forcieren:*** Den Partner mit einer Ansage zum weiteren Bieten zwingen.
***Großer Slam:*** Ein Kontrakt auf Stufe 7, bei dem eine Linie alle 13 Stiche gewinnt. Sie muß aber den Kontrakt sowohl angesagt wie auch erfüllt haben, wenn sie von der Prämie profitieren will (1000 Punkte in der ungefährlichen Zone, 1500 Punkte in der Gefahrenzone). Siehe *Vulnerable, Non-vulnerable.*
***Hand:*** Ein anderes Wort für Blatt.
***Honneurkarten oder Honneurs:*** Honneurs sind As, König, Dame, Bube und Zehn.
***Kleiner Slam:*** Ein Kontrakt auf Stufe 6, der eine Linie verpflichtet, 12 von 13 Stichen zu gewinnen. Die Prämie wird nur gewährt, wenn dieselbe Linie den Kontrakt angesagt und erfüllt hat; sie beträgt 500 Punkte in der ungefährlichen Zone und 750 Punkte in der Gefahrenzone. Siehe *Vulnerable, Non-vulnerable.*

***Kontrakt:*** Wenn ein Spieler ein Ansage macht, verpflichtet er sich, mit seinem Partner eine bestimmte Zahl von Stichen zu gewinnen. Die letzte Ansage der Lizitation legt den Kontrakt endgültig fest. Darum lautet der vollständige Name unseres Spiels "Kontraktbridge".

***Kürze:*** Wenige Karten in einer Farbe.

***Länge:*** Mindestens vier Karten in einer Farbe.

***Limitansage oder -gebot:*** Eine Ansage, die dem Partner genau mitteilt, wie stark Ihr Blatt ist (mit einem Spielraum von ein bis zwei Punkten).

***Linie:*** Das Partnerpaar (West und Ost, Süd und Nord).

***Lizitation:*** Die "Diskussion", die einer Linie hilft, zu entscheiden, welches die beste Trumpffarbe ist und wie viele Stiche sie anstrebt.

***Majorfarben:*** Siehe *Edelfarben.*

***Manche:*** Ein Spiel, dessen Wert mindestens 100 Punkte erreicht. Die Manche kann sich auch aus mehreren Kontrakten mit jeweils weniger als 100 Punkten zusammensetzen. Siehe *Teilspiel.*

***Minorfarben:*** Siehe *Unedle Farben.*

***Nebenfarben:*** Die drei Farben, die nicht Trumpf sind.

***Non-vulnerable:*** Eine Linie, die noch keine Manche gewonnen hat, befindet sich in der "ungefährlichen Zone"; Sie ist *non-vulnerable*. Siehe *Vulnerable.*

***Rebid:*** Siehe *Wiederansage.*

***Rekontra:*** Wenn die Gegner Sie kontriert haben und Sie fest davon überzeugt sind, daß Sie Ihren Kontrakt erfüllen können, geben Sie das Kontra zurück. Dadurch verdoppelt sich der Wert der Prämien noch einmal.

***Rubber:*** Zwei gewonnene volle Spiele (Manches), die jeweils mindestens 100 Punkte wert sind.

***Sans Atout (SA):*** Ein Spiel ohne Trumpffarbe.
***Schneiden:*** Der Versuch, einen Stich mit einer Karte zu gewinnen, die nicht die höchste in einer Farbe ist. Dabei profitieren Sie von der Plazierung der höheren Karte(n). Auch Impaß genannt.
***Score:*** Auf dem Bridgeblock anschreiben (Siehe dort).
***Singleton:*** Genau eine Karte in einer Farbe im Blatt haben.
***Spiel:*** Siehe *Manche.*
***Stayman-Konvention:*** Eine häufig angewandte Konvention als Antwort auf die Eröffnung "1 SA". Mit der Antwort "Zwei Treff" erkunden Sie, ob der Eröffner eine Edelfarbe mit Viererlänge hält. Dasselbe Verfahren ist anwendbar, um die "2 SA"-Eröffnung zu beantworten.
***Stopper:*** Eine hohe Karte in einer Farbe, die von so vielen niedrigen Karten geschützt wird, daß die Gegner nicht alle Stiche in der betreffenden Farbe gewinnen können.
***Strafkontra:*** Eine Ansage, die Sie am Ende des Bietens abgeben, wenn Sie davon überzeugt sind, daß die Gegner ihren Kontrakt nicht erfüllen können. Der Wert der Prämien verdoppelt sich dadurch.
***Strohmann:*** a) Der Partner des Alleinspielers, der nach dem Eröffnungs-Ausspiel seine Karten offen auf den Tisch legt. b) Das Blatt des Strohmannes, auch Tisch genannt.
***Teilspiel oder -kontrakt:*** Ein Spiel, das weniger als 100 Punkte unter dem Strich bringt. Siehe *Manche.*
***Tisch:*** Siehe Strohmann.
***Überstich:*** Ein Stich, den der Alleinspieler über seinen Kontrakt hinaus gewinnt.
***Unedle Farben:*** Karo und Treff. Sie bringen für jeden angesagten und erfüllten Kontrakt 20 Punkte (für nicht angesagte Stiche 20 Punkte über dem Strich).

***Unter dem Strich:*** Punkte, die für das Ansagen und Gewinnen eines Kontraktes gegeben werden und die somit für eine Manche zählen. Siehe *Anschreiben.*
***Unterstich:*** Siehe *Down.*
***Vulnerable:*** Wenn eine Linie eine Manche gewonnen hat, gelangt sie aus der "ungefährlichen Zone" in die "Gefahrenzone", sie wird *vulnerable.* Siehe *Non-vulnerable.*
***Wiederansage:*** Von einem Spieler, der die Lizitation auf Einerhöhe eröffnet hat, wird erwartet, daß er weiter lizitiert, falls sein Partner positiv antwortete.

# WERTETABELLE FÜRS ANSCHREIBEN

| STICHWERT | | ohne Kontra | mit Kontra |
|---|---|---|---|
| FÜR JEDEN ANGESAGTEN UND ERFÜLLTEN KONTRAKT | | | |
| ♣ | ♦ | 20 | 40 |
| ♥ | ♠ | 30 | 60 |
| SA-KONTRAKT: | | | |
| ERSTER STICH | | 40 | 80 |
| JEDER WEITERE STICH | | 30 | 60 |

MANCHE: 100 PUNKTE ODER MEHR UNTER DEM STRICH

| PRÄMIEN | Non-vulnerable ohne Kontra | Non-vulnerable mit Kontra | Vulnerable ohne Kontra | Vulnerable mit Kontra |
|---|---|---|---|---|
| ÜBERSTICHE: | | | | |
| JEDER ÜBERSTICH | STICH-WERT | 100 | STICH-WERT | 200 |
| SLAMS: | | | | |
| KLEINER SLAM (ANGESAGT UND ERFÜLLT) | 500 | | 750 | |
| GROSSER SLAM (ANGESAGT UND ERFÜLLT) | 1000 | | 1500 | |

| HONNEURS | |
|---|---|
| 4 HONNEURS IN EINER HAND | 100 |
| ALLE 5 HONNEURS IN EINER HAND | 150 |
| ALLE 4 ASSE IN EINER HAND IM SA-KONTRAKT | 150 |

| RUBBERS | |
|---|---|
| IN ZWEI-SPIELEN-RUBBER | 700 |
| IN DREI-SPIELEN-RUBBER | 500 |
| FÜR DIE PARTIE MIT EINEM GEWONNENEN SPIEL | 300 |
| FÜR EINE ANSCHRIFT IN EINEM UNBEENDETEN RUBBER | 50 |

| STRAFEN | Non-vulnerable ohne Kontra | Non-vulnerable mit Kontra | Vulnerable ohne Kontra | Vulnerable mit Kontra |
|---|---|---|---|---|
| UNTERSTICHE: | | | | |
| 1. UNTERSTICH | 50 | 100 | 100 | 200 |
| JEDER WEITERE UNTERSTICH | 50 | 200 | 100 | 300 |

EIN REKONTRA VERDOPPELT DIE VERDOPPELTEN WERTE

## Weitere Tarots, Tarot-Sets und Bücher von Urania

Michael Tierra & Candice Cantin

# Kräuter Tarot

Der Kräuter Tarot ist eine völlig neue Anregung, Naturheilwissen im Alltag nutzbar zu machen. Er verbindet die Eigenschaften von 78 bekannten und bewährten Heilpflanzen mit der Symbolik des Tarot. Michael Tierra, ein bekannter amerikanischer Kräuterexperte, eröffnet damit vielfältige Möglichkeiten des verantwortlichen Gebrauchs von Heilpflanzen, ohne daß medizinische Vorkenntnisse erforderlich sind. Candice Cantins künstlerische Gestaltung inspiriert das meditative Verstehen für die positiven und heilenden Kräfte der Pflanzen.

Kräuter Tarot (78 Karten m. Anl. 40 S.) ISBN 3-905017-21-0

Josef Machynka

# Ibis Tarot

Im *Ibis Tarot* wird der Zauber ägyptischer Mysterienkulte wiedergeboren. Sein Schöpfer, Josef Machynka, ist beides: Künstler und Mystiker. Die Frucht seiner intensiven Beschäftigung mit Kunst und Religion des alten Ägypten ist der *Ibis Tarot*. Einzigartig an diesem Tarot ist die Harmonie zwischen Ästhetik und Authentizität. Im sehr ausführlichen Begleitheft entfaltet Machynka das Panorama der ägyptischen Götterwelt im Spiegel des Tarot.

Ibis Tarot (78 Karten m. Anl. 80 S.) ISBN 3-905021-59-5

## Weitere Tarots, Tarot-Sets und Bücher von Urania

Miki Krefting

# Das Einführungs-Set zum Crowley Tarot

Der *Crowley Thoth Tarot* ist eines der faszinierendsten Tarot-Spiele, und das Buch *Einführung in den Crowley-Tarot* ist die optimale Lektüre für Einsteiger ins Kartenlegen. Miki Krefting erklärt jedes Bild in allgemeinverständlicher Weise. Ihre Deutungen sind anschaulich und lebensnah, unter besonderer Berücksichtigung der Bereiche Liebe und Beruf. 8 verschiedene Legemethoden ermöglichen differenzierte Fragestellungen und aussagekräftige Antworten. Karten und Buch liefern eine solide Grundlage, um Rat, Anregung und Lebenshilfe durch Tarot zu erhalten.

| | |
|---|---|
| Set (Buch & Karten) | ISBN 3-908646-19-7 |
| Buch (144 S.) | ISBN 3-908644-82-8 |
| Crowley Thoth Tarot (80 Karten m. Anl.) | ISBN 3-905021-27-7 |

Günter Hager

# Set "Numerologie & Tarot"

Zwei der populärsten esoterischen Traditionen, vereint im Rahmen eines überzeugenden, lebensnahen Konzeptes. Der *Prager Tarot* enthält alle Schlüssel zum Geheimnis der Zahlen. Dank des verständlich geschriebenen Handbuches von Günter Hager wird die Bestimmung der eigenen Schicksalszahlen möglich. Das "gewisse Etwas" dieser Methode liegt in der Verknüpfung zwischen Intuition und mathematischer Exaktheit. Besonders spannend ist die Ermittlung der "Herzzahl" des Menschen, die so manches über Partnerwahl und Liebesglück verrät.

| | |
|---|---|
| Set (Buch & Karten) | ISBN 3-908646-20-0 |
| Buch (126 S.) | ISBN 3-908644-84-4 |
| Prager Tarot (54 Karten m. Anl.) | ISBN 3-905021-50-1 |

## Weitere Tarots, Tarot-Sets und Bücher von Urania

Howard Rodway & Sylvia Gainsford

### Set "Tarot der Weisen Frauen"

Der *Tarot der Weisen Frauen* wurzelt in einer ebenso ehrwürdigen wie lebendigen Tradition: dem *Wicca*, auch als die Alte Religion, die Alte Kunst oder der Alte Weg bezeichnet. Darin leben vitale Elemente der archaischen Naturreligion des Abendlandes fort. Dieses Tarot-Set wurde in Zusammenarbeit mit acht Priesterinnen des *Wicca*-Kultes in Großbritannien und den USA geschaffen. Sie steuerten Symbolerklärungen, Tarot-Rituale und Kartendeutungen bei, so daß ein wirklich authentischer *Tarot der Weisen Frauen* entstand.

Set (Buch & Karten) ISBN 3-908646-14-6
Buch (160 S.) ISBN 3-908644-75-5
Tarot der Weisen Frauen (78 Karten) ISBN 3-905021-34-X

Karen Vogel & Vicki Noble

### Motherpeace Tarot

Ein Tarot von Frauen für Frauen, der zu den modernen Klassikern in der Welt des Tarot zählt. Die deutsche Ausgabe erschließt dieses prachtvolle und symbolreiche Spiel allen Frauen, die das Bedürfnis nach echter Selbsterkenntnis und realer Lebenshilfe verspüren. Seine Motive verschmelzen das uralte Menschheitswissen des Matriarchats mit der weiblichen Spiritualität der Gegenwart. Deren beziehungsreicher Ausdruck ist die runde Kartenform: "ein nach allen Seiten offener Kreis von Sinn und Bedeutung."

Motherpeace Tarot (78 Karten m. Anl. 25 S.) ISBN 3-905017-22-9